寧靜不過是心靈的井然有序

打開傳說中的書
About ClassicsNow.net

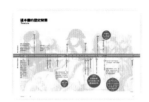

關鍵時間、人物、地點,在
書前有簡明要點。

「1.0」:以跨越文字、繪畫、
攝影、圖表的多元角度,破
解經典的神秘符號 。

「2.0」:以圖像來重現原典,
或者重新做創作性的詮釋。

　　大約一百年前,甘地在非洲當律師。有天,他要搭長途火
車,朋友在月台上送了他一本書。火車抵站的時候,他讀完
了那本書,知道自己的未來從此不同。因為,「我決心根據
這本書的理念,改變我的人生。」

　　日後,甘地被稱為印度聖雄的一些基本理念與信仰,都可
溯源到這本書*。

　　◎

　　閱讀,可以有許多收穫與快樂。

　　其中最神奇的是,如果我們有幸遇上一本充滿魔力的書,
就會跨進一個自己原先無從遭遇的世界,見識到超出想像之
外的天地與人物。於是,我們對人生、對未來的認知與準
備,截然改觀。

　　◎

　　充滿這種魔力的書很多。流傳久遠的,就有了「經典」的
稱呼。

　　稱之為「經典」,原是讚嘆與敬意。偏偏,敬意也容易轉
變為敬畏。因此,不論中外,提到「經典」會敬而遠之,是
人性之常。

　　還不只如此。這些魔力之書的內容,包括其時間與空間的
背景、作者與相關人物的關係、遣詞用字的意涵,隨著物換
星移,也可能會越來越神秘,難以為後人所理解。

　　於是,「經典」很容易就成為「傳說中的書」──人人久
聞其名,卻沒有機會也不知如何打開的書。

我們讓傳說中的書隨風而逝，作者固然遺憾，損失的還是我們。

每一部經典，都是作者夢想之作的實現；每一部經典，都可以召喚起讀者內心的另一個夢想。

讓經典塵封，其實是在封閉我們自己的世界和天地。

◎

「3.0」：經典原著中，最關鍵與最核心的篇章選讀。

何不換個方法面對經典？何不讓經典還原其魔力之書的本來面目？

這就是我們的想法。

因此，我們先請一個人，就他的角度，介紹他看到這部經典的魔力何在 。

再來，我們以跨越文字、繪畫、攝影、圖表的多元角度，來打開困鎖住魔力之書的種種神秘符號。

然後，為了使現代讀者不會在時間和心力上感受到太大壓力，我們挑選經典原著最核心、最關鍵的篇章，希望讀者直接面對魔力之書的原始精髓。 此外，還有一個網站，提供相關內容的整合、影音資料、延伸閱讀，以及讀者互動的可能。

因為這是從多元角度來體驗經典，所以我們稱之為《經典3.0》。

◎

最後，我們邀請的就是讀者，您了。

您要做的唯一的事情，就是對這些魔力之書的光環不要感到壓力，而是好奇。

您會發現：打開傳說中的書，原來就是打開自己的夢想與未來。

ClassicsNow.net網站，提供相關影音資料及延伸閱讀，以及讀者的互動。

*那本書是英國作家與思想家羅斯金（John Ruskin）寫的《給未來者言》(Unto This Last)。

經典3.0
ClassicsNow.net

永遠謳歌思考

沉思錄
The Meditations

馬可·奧理略 原著

梁文道 導讀

他們這麼說這本書
What They Say

插畫：顧春暉

歷來帝王著述中
最為傑出的一部

麥可·葛蘭特
Michael Grant

📅 1914 ～ 2004

💬 英國歷史學家，研究領域為羅馬史，撰寫與翻譯的著作超過五十本，其中最知名的是翻譯羅馬學者塔西陀的《編年史》與西塞羅的相關著作。他認為《沉思錄》是最為敏銳而富於哲思的古代著作，也是歷來帝王著述中最為傑出的一部！

費迪曼
Clifton Fadiman

📅 1904 ～ 1999

💬 著名專欄作家費迪曼在《一生的讀書計畫》中有如此評價：「《沉思錄》有一種不可思議的魅力，它甜美、憂鬱而高貴。這部黃金之書以莊嚴不屈的精神負起做人的重荷，直接幫助人們去過更加美好的生活。」

這部黃金之書
以莊嚴不屈的精神
負起做人的重荷
直接幫助人們去過
更加美好的生活

我們藉此可以
想見其為人，
窺察其內心，
從而對於為人處世
律己待人之道
有所領悟

梁實秋

📅 1903 ～ 1987

💬 中國著名學者，在1958年受託翻譯《沉思錄》。在譯序中指出：「自古以來，有操守、有修養的哲學家歷代不乏其人，位居至尊、叱咤風雲的皇帝也是史不絕書的，但是以一世英主而身兼苦修哲學家者則除了馬可·奧理略恐怕沒有第二人。這位一千八百年前的曠世奇才於無意中給我們留下了這一部《沉思錄》，我們藉此可以想見其為人，窺察其內心，從而對於為人處世律己待人之道有所領悟，這部書不能不說是人間至寶。」

雷朗 Ernest Renan

📅 1823 ～ 1892

💬 十九世紀的法國文學家與哲學家，曾任法蘭西學院院士。他指出：「馬可‧奧理略使人有這麼一種樸實的信仰：面對宇宙自然，一顆高貴的道德良心，是任何種族、任何國家、任何革命、任何遷流、任何發現都不能改變的。」

面對宇宙自然，一顆高貴的道德良心，是任何種族、任何國家、任何革命、任何遷流、任何發現都不能改變的

梁文道

📅 1970 ～

💬 這本書的導讀者梁文道，以觀察、發表文化評論而聞名。他認為：「也許我們不一定每個人都在讀《沉思錄》，但是說不定各位都能夠找到一本你能夠讀一輩子並作為自己人格修養的書，也許它是馬可‧奧理略的《沉思錄》，也許它是巴斯噶的《沉思錄》，也許是劉墉的書。」

我們不一定每個人都在讀《沉思錄》，但是說不定各位都能夠找到一本你能夠讀一輩子並作為自己人格修養的書

你

📅 ？

💬 在二十一世紀此刻的你，讀了這本書又有什麼話要說呢？請到ClassicsNow.net上發表你的讀後感想，並參考我們的「夢想實現」計畫。

你要說些什麼？

和作者相關的一些人
Related People

插畫：顧春暉

📅 76 ～ 138

💬 羅馬帝國五賢帝之一，也是前任皇帝圖拉真的養子。哈德良晚年膝下無子，急於任命帝國的繼承人，而他所看中的繼承人馬爾庫斯·維魯斯（即奧理略）又僅十六歲，於是他改採折衷方式，認領元老安東尼為養子（即帝國繼承人），並指定安東尼收養馬爾庫斯·維魯斯，這是奧理略踏入羅馬帝國權力中心的開端。

哈德良
Publius Aelius Traianus Hadrianus

馬可·奧理略
Marcus Aurelius Antoninus Augustus

📅 121 ～ 180

💬 羅馬著名的「哲學家皇帝」，年幼喪父，為母親扶養長大。十二歲時沉迷於希臘哲學，並穿著希臘式短袍，模仿古哲學家們臥地而睡。當時的皇帝哈德良非常欣賞奧理略的聰穎，間接指定奧理略成為帝國繼承人，並讓他接受所有菁英教育。奧理略於四十歲時繼承羅馬帝位，儘管如此，他並沒有放棄對於哲學的愛好，並成為當時斯多噶學派的領袖人物。

📅 86 ～ 161

💬 三十四歲時成為羅馬最高的執政官之一，由於謹守本分，因此一直是哈德良的得力助手，即使哈德良晚年實行恐怖政治，安東尼從未捲入政爭。四十二歲時，哈德良「收養」安東尼為養子，作為帝國的繼承人，五十二歲時繼位為羅馬皇帝。在這段期間內，安東尼一直遵循對哈德良的承諾，努力栽培養子奧理略。

安東尼·庇護
Caesar Titus Aelius Hadrianus Antoninus Augustus Pius

康茂德
Lucius Aurelius Commodus Antoninus

📅 161～192

💬 奧理略的親生兒子，被後世認為是繼尼祿之後的第二個羅馬暴君。康茂德從少年起便被父親以繼承人的身分栽培，十七歲與父親一起成為帝國的共治者。奧理略死後，康茂德宣布不支持父親對日耳曼的戰爭，羅馬帝國進入一個戰爭較少的養生時期，但同時也因為怠於政事，康茂德與元老院的關係水火不容，最後導致被刺殺身亡。

📅 120／130～175

💬 奧理略的妻子，也是安東尼的女兒。根據奧理略自己的描述，他與妻子感情生活融洽，稱讚她「溫順、深情且樸實」。法烏斯提娜為奧理略育有十三名子女，可惜其中只有一名兒子與四名女兒順利成長。據當時流傳，法烏斯提娜可能對奧理略不忠，有多次外遇。

法烏斯提娜
Faustina

魯琪拉
Lucilla

📅 148／150～182

💬 奧理略的大女兒，康茂德的姊姊。魯琪拉年輕的時候即被封為「奧古斯塔」，擁有帝國第一女性的地位，後來康茂德的妻子克麗絲庇娜有懷孕的跡象，魯琪拉擔心自己的地位受到威脅，便計畫暗殺康茂德，事發後被流放到卡布里島。

這本書的歷史背景
Timeline

中國地區大事

67
漢明帝遣蔡愔赴西域求佛經歸來，建白馬寺，佛教正式傳入中國

25
劉秀稱帝，是為東漢

88
漢章帝逝世，在位期間稱「明章盛世」，卻也開啟外戚專政先河

105
蔡倫改革造紙術，進獻皇帝

126 漢順帝即位，大權落於宦官，之後更開啟外戚梁氏爭權，使朝政更加腐敗

中國以外地區大事

72-82
羅馬興建競技場，為古羅馬人舉行人獸表演之地

79
維蘇威火山爆發，龐貝城遭掩埋

117 首位非羅馬人的皇帝圖拉真逝世，其在位時期使羅馬達至巔峰

121
《沉思錄》作者奧理略出生於羅馬城

125
羅馬萬神廟竣工，為古羅馬重要的建築成就

122 羅馬皇帝哈德良於英格蘭北界築一百二十公里長城，名「哈德良長城」

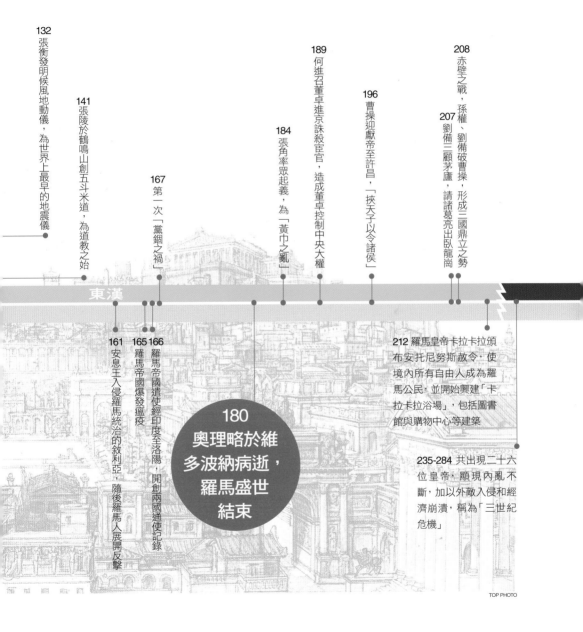

132
張衡發明候風地動儀，為世界上最早的地震儀

141
張陵於鶴鳴山創五斗米道，為道教之始

167
第一次「黨錮之禍」

184
張角率眾起義，為「黃巾之亂」

189
何進召董卓進京誅殺臣官，造成董卓控制中央大權

196
曹操迎獻帝至許昌，「挾天子以令諸侯」

207
劉備三顧茅廬，請諸葛亮出臥龍崗

208
赤壁之戰，孫權、劉備破曹操，形成三國鼎立之勢

東漢

161
安息王入侵羅馬統治的敘利亞，隨後羅馬人展開反擊

165
羅馬帝國爆發瘟疫

166
羅馬帝國遣使經印度至洛陽，開創兩國通使記錄

**180
奧理略於維多波納病逝，羅馬盛世結束**

212 羅馬皇帝卡卡拉頒布安托尼努斯赦令，使境內所有自由人成為羅馬公民，並開始興建「卡拉卡拉浴場」，包括圖書館與購物中心等建築

235-284 共出現二十六位皇帝，顯現內亂不斷，加以外敵入侵和經濟崩潰，稱為「三世紀危機」

TOP PHOTO

7

這位作者的事情
About the Author

作者的事情

當時其他人的事情

139 正式被皇帝命為「凱撒」，意為年輕皇帝

121 出生於義大利羅馬城

140 被任命為執政官，成為六位騎士司令官之一員

145 二度任命為執政官，並與法烏斯提娜結婚

138 為皇帝安東尼庇護所收養，並與其女兒法烏斯提娜訂婚

東漢

100 許慎著《說文解字》

107 張衡完成《東京賦》與《西京賦》，合稱《二京賦》

125 古希臘歷史學家普魯塔克去世，傳世作為《希臘羅馬名人傳》

130 安提諾烏斯，羅馬皇帝哈德良的變童去世

141 馬續去世，和班超以續寫班固未完成的《後漢書》而聞名

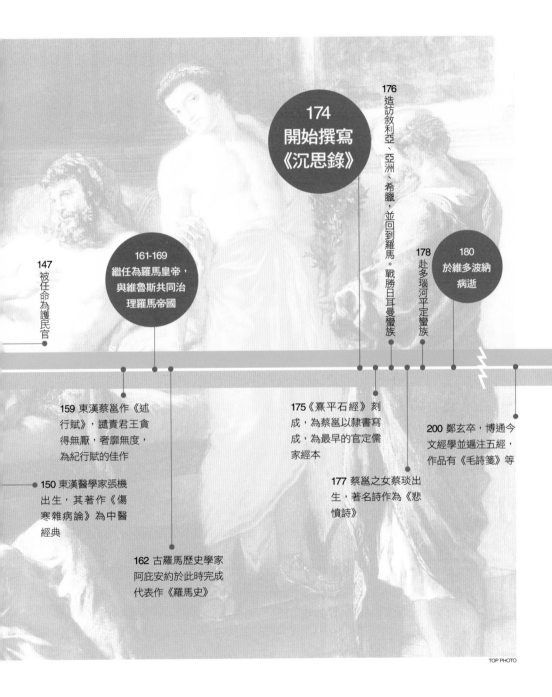

174
開始撰寫
《沉思錄》

176
造訪敘利亞、亞洲、希臘，並回到羅馬。戰勝日耳曼蠻族

147
被任命為護民官

161-169
繼任為羅馬皇帝，與維魯斯共同治理羅馬帝國

178
赴多瑙河平定蠻族

180
於維多波納病逝

159 東漢蔡邕作《述行賦》，譴責君王貪得無厭，奢靡無度，為紀行賦的佳作

150 東漢醫學家張機出生，其著作《傷寒雜病論》為中醫經典

162 古羅馬歷史學家阿庇安約於此時完成代表作《羅馬史》

175《熹平石經》刻成，為蔡邕以隸書寫成，為最早的官定儒家經本

177 蔡邕之女蔡琰出生，著名詩作為《悲憤詩》

200 鄭玄卒，博通今文經學並遍注五經，作品有《毛詩箋》等

這本書要你去旅行的地方
Travel Guide

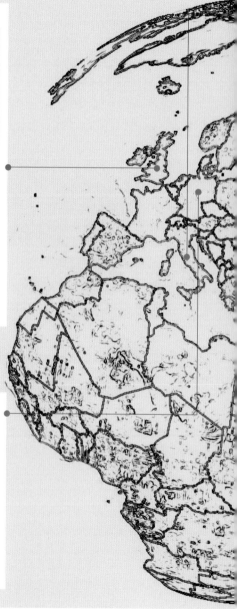

英國

TOP PHOTO

● 英格蘭 哈德良長城

為五賢帝之一的皇帝哈德良為抵禦北方蠻族入侵而於122年所築的城牆，綿延約120公里。哈德良在位期間致力開拓帝國疆界，哈德良長城則見證了羅馬盛世的富強。

德國

● 北日耳曼─雷蒂恩界牆

綿延約550公里，現今存有五十八處遺址，包括羅馬浴場、堡壘等建築。築自公元9年，經過數十任皇帝的修繕，目的為區隔羅馬帝國與北方日耳曼部落，而羅馬皇帝在征伐蠻族時也時常駐紮於邊界，今日與英國境內哈德良長城並立為古羅馬帝國擴張的邊境。

TOP PHOTO

● 薩爾堡 薩爾堡露天博物館

蒐集完整古羅馬時期文物，考古學家從北日耳曼─雷蒂恩界牆所發現的遺跡多於此處收藏。

義大利

Diliff 攝影

● 羅馬 競技場

或稱「鬥獸場」，為古羅馬最大的圓形競技場，始建於72年，中央為一圓形沙場，沙場下的洞穴用以囚禁野獸，其建築兼及實用與獨特的藝術風格，為古羅馬建築的代表。

TOP PHOTO

● 羅馬 卡拉卡拉浴場

於206年開始興建，為羅馬第二大公共浴場，中央是可供一千六百人同時洗澡的建築。浴場內設有冷、溫、熱水浴三部分，周圍是花園，商店、運動場、演講廳等等。

Emilio Labrador 攝影

● 羅馬 萬神廟

完工於125年，其內牆為大理石，外牆為磚造，結合希臘與羅馬的建築風格，為羅馬神廟的代表性建築物。

土耳其

TOP PHOTO

● 艾菲索斯 古城

保存最完好的希臘羅馬古城，現今所見的建築大都在羅馬帝制時期興建，包括17年興建的浴場，二世紀興建的哈德良神廟、圖拉真噴泉、音樂廳等等。

目錄 永遠謳歌思考 沉思錄
Contents

封面圖片來源：TOP PHOTO

02 —— 他們這麼說這本書
What They Say

04 —— 和作者相關的一些人
Related People

06 —— 這本書的歷史背景
Timeline

08 —— 這位作者的事情
About the Author

10 —— 這本書要你去旅行的地方
Travel Guide

13 —— **導讀** 梁文道

奧理略每個晚上寫著這些事情，面對這樣子烽煙四起的國家，我們的哲學家皇帝，脫去他的紫袍，換上了羊毛粗袍，寫下這些句子，以超念自己的心靈、修鍊自己。像是今日的一個總統，如果他相信佛教，他就是每個晚上修行，他要是信仰基督教，便每天祈禱。

49 —— **羅馬盛世的日常與奢華**

67 —— **原文選讀** 馬可·奧理略原著

記住退入你自身的小小疆域，尤其不要使你分心或緊張，而是保持自由，像一個人，一個人的存在，一個公民，一個如死者一樣去看待事物。在你手邊你容易碰到並注意的事物，讓它們存在吧，那無非是這兩種事物：一種是不接觸心靈的事物，它們是外在的，不可改變的，但我們的煩惱僅來自內心的意見；另一種是所有這些事物，你看到它們是很快改變和消失的；始終牢記你已經目擊過多少這樣的變化。宇宙是流變，生活是意見。

88 —— 這本書的譜系
Related Reading

90 —— 延伸的書、音樂、影像
Books, Audios & Videos

1.0

導讀

梁文道

作家、牛棚書院院長、時事評論員，曾在多個電視電台媒體亮相主持，是全方位的傳媒人。

著有《弱水三千：梁文道書話》、《常識》、《噪音太多》、《我執》、《訪問：十五個有想法的書人》等。

要看導讀者的演講，請到ClassicsNow.net

《沉思錄》是奧理略以普通希臘文（Koine Greek）寫成，總共分為十二卷，內容記述一系列的個人思想記錄，是他自己對「生命」和「如何過活」等類議題展開思考的總集。原本他只稱自己的著作為「給自己的書寫」，但卻被後世彙整定名為《沉思錄》。陳述自己從親戚、老師、朋友身上學到的功課，而斯多噶主義（stoicism）是本著作背後主要的哲學觀，他一再重申永恆不朽的重要，因此要讓「邏各斯」成為引導理性的力量而超越自己。本著作以「寫下心中言語的誠實且不會讓周遭雜論的聲音所蒙蔽」而聞名後世。

《沉思錄》這本書其實大家應該不會感到陌生，因為它在歷史上非常有名，而且這本書的作者成為一部好萊塢電影《神鬼戰士》（Gladiator）裏的一角。這部電影說的是一個羅馬皇帝被他的兒子暗殺，然後這個皇帝的將軍出來為他報仇，把那個壞皇帝幹掉的故事。《神鬼戰士》裏被勒死的老皇帝，就是我們這本書的作者馬可・奧理略（Marcus Aurelius）。他的兒子康茂德（Commodus）在歷史上是有名的壞蛋，被稱為第二個尼祿——就是一把火把羅馬燒掉、非常壞的一個皇帝，與他的父親相當不同。這位我們在電影裏面看到的那位年邁的老父親在歷史上有著非常崇高的聲譽，黃金時代的羅馬帝國十二個皇帝接續，他在那十二個皇帝中間樹立了特別好的聲譽，為什麼？因為他是一個哲學家皇帝"Philosopher king"。

哲學家皇帝

希臘哲學家柏拉圖在《理想國》中，曾勾畫過一個非常理想的世界藍圖。在這個世界裏，國家領袖應該是一群哲學家，因為柏拉圖認為哲學家最為清楚如何公正地處理國家大事。希臘哲學在政治與倫理學方面常討論的主題是「正義」，他們討論的是「什麼是好國家？」、「什麼是正義的國家？」等議題。誰最了解正義？自然就是哲學家了。因此，從柏拉圖以來，歷代一直有人期望出現一個哲學家皇帝般的人，像是中國人所說的「內聖外王」的聖王。同樣的情形也出現於歐洲，東歐國家在1989年重新民主選舉之後，像捷克就出現了哲學家總統哈維爾，當時大家都很興奮，因為那是一個被期待的角色。那麼由哲學家來當皇帝，他是不是會當得特別好呢？也許不一定。又，哲學家皇帝作為哲學家是否也一定做得特別好呢？當然也不一定。

記得當年去中國內地的時候，看到很多出版物讓我嚇了一跳，比如他們會討論「毛澤東的哲學」、「周恩來的哲學」，以

（右圖）畫中是位於羅馬神殿廣場上的奧理略雕像。奧理略是羅馬五賢帝時代的最末一位，他標誌著早期羅馬興盛時代的結束，由於羅馬哲學家鮮少留下著作，因此他的《沉思錄》意義重大。此圖為利比（Filippino Lippi, 1457～1504）所繪的《勝利的聖多瑪斯》壁畫局部，繪於羅馬萬神殿旁的聖母教堂左壁。

哲學家皇帝 是柏拉圖《理想國》之中的假想統治者，他所統治的國家叫做「美麗城邦」（Kallipolis）。柏拉圖深信哲學家必須是國家的統治者，他也必須要深受哲學的薰陶不可。他首先界定這位領袖要有「智慧的追尋者」這樣的志業，並且能進入「理行」（forms）的世界裏。哲學家皇帝是柏拉圖內心理想的對象，能夠把比喻為船的國家確實掌舵管理好，國家的「船長」非哲學家皇帝莫屬。柏拉圖宣稱，其他船員只在乎遙望遠方觀測星象的作為，是因為他們從未真正與一位哲學家接觸過，不知道哲學家心裏所關注的事情是什麼，因此他們就不能勝任國家的管理者。

TOP PHOTO

（上圖）奧理略雕像。奧理略幼時即深受皇帝哈德良的喜愛，並以帝國繼承人的身分接受栽培，但他始終鍾情於哲學，據傳他十二歲時便喜穿哲學家所穿的羊毛短袍。

及「鄧小平的思想」等。直到今天，很多人仍然希望領導人會像個哲學家那樣，擁有自己的思想、自己的主張，有一套綱領、一套看法。奧理略並不是這樣的一個皇帝，他不是一個以哲學治國的皇帝，相反地，他是在當皇帝的經驗裏，發現自己不得不更依賴哲學以把握住自己。

領導者的枕邊書

和中國的乾隆皇帝不同，奧理略寫完這部札記之後，並未打算出版。乾隆寫詩寫到還要發「御制詩」，送給全國文武百官，讓文武百官們誠惶誠恐地看到明明寫得很爛的詩，還得寫一個謝表上呈，感謝皇上聖明。後來，這部札記不知如何便流出市面，之後便傳到了君士坦丁堡，因此一直在東羅馬帝國部分散布，與此同時，在西歐這邊，這本書便消失了。

等到東羅馬帝國，也就是拜占庭帝國滅亡之後，《沉思錄》

才輾轉地隨著過去君士坦丁堡所保留的其他古代希臘羅馬典籍，傳回西歐。當時觸發了一個很重要的運動，就是「文藝復興」。而在這個運動裏，西方的學者，尤其是義大利的學者，初次看到這本書時便非常驚訝。他們原本以為是本很有歷史價值的書，因為它是羅馬皇帝所親自寫的私人記錄。然而，之後他們就很傷心地發現：在這本書之中找不到益於當時歷史研究的資料，於是就冷落了它。一直到浪漫主義時期，人們才重新發現《沉思錄》的重要性。歐洲的作家、學者們開始發現《沉思錄》非常符合浪漫主義的理想，因為它完全是一個人發自內心地說話與懺悔，他們喜歡那種感覺，認為那是一個人於內心湧現的靈性反思。因此，浪漫主義時期的思潮造成了對於《沉思錄》價值的重新發現。而在這本書的流傳過程中，被冠上了我們今日所熟知的名字——《沉思錄》。

《沉思錄》自從浪漫主義開始流行之後便受到很多人的喜

（上圖）安東尼（Antoninus Pius, 86～161）時代的羅馬城。安東尼，羅馬五賢帝之一，也是奧理略的養父。當時羅馬歷經圖拉真、哈德良兩帝的向外征伐，版圖已十分遼闊，因此安東尼與繼任的奧理略，除了抵抗蠻族而引起的戰爭之外，大都以維持帝國運作的政策為主。

17

愛，像是作家歌德，還有當時德國普魯士的腓特烈大帝也很喜歡。自當時起，這本書就經歷了一個很奇怪的傳統，許多國家的領導人都很喜歡讀這本書，包括柯林頓。柯林頓床前放的、幾乎每個晚上都要看的就是《沉思錄》。然而，對於一般讀者而言，我們不需理會國家領導人或皇帝看這本書的問題，而是必須注重在另一個方面。

TOP PHOTO

（上圖）羅馬萬神殿。萬神殿始建於公元前27年，最初是為了紀念屋大維擊敗安東尼與克麗奧佩托拉而建的羅馬神廟，哈德良時重新修建。它是古羅馬最重要的建築，亦代表羅馬早期信仰。

（右圖）布爾冬（Sebastien Bourdon, 1616～1671）所繪的《亞歷山大陵墓前的奧古斯都》。此處的奧古斯都即指屋大維。屋大維是典型羅馬帝王，善於軍事、辯論、語言、法律等技巧。

奧理略：「意外」的皇帝

奧理略非常聰明，是一個貴族子弟，他當上皇帝其實是一個意外。當時在他之前，羅馬皇帝的繼承有一個傳統，亦即不傳子，而是傳給養子。例如皇帝看到他的貴族、親戚之中，誰比較出息的，便把王位傳給誰。為什麼奧理略打破羅馬傳統、把王位傳給那個壞兒子呢？因為他被兒子所殺，然後篡位的。因此，在他以前，王位的傳承是傳給貴族間的親戚。他小時候就被選中過，但為何說是意外？因為當時雖然大家都很欣賞他，覺得他很有才華，但是怎麼看奧理略都不太像是一個能當皇帝的人，而這關係到當時大家對羅馬帝國皇帝的看法。

在羅馬帝國中的皇帝地位非常崇高，羅馬講究榮譽，講究在公眾生活面前出色的辯論技巧。因此皇帝要學習修辭學，要展現自己的勇氣，讓別人承認你的身分跟地位，這些都非常重要。也就是說，男人要在公共領域中競爭，追求一種華麗跟尊貴的外觀，而羅馬帝國的皇帝穿的紫色袍子就是這種尊榮的象徵。紫色作為皇家、尊貴的象徵傳統，始自羅馬帝國，這就是迄今為何仍以purple這個字來代表「帝位」的原因。

19

羅馬五賢帝 分別是：
涅爾瓦（96～98）、
圖拉真（98～117）、
哈德良（117～138）、
安東尼（138～161），
與奧理略（161～180）。
這五位賢良的君主在歷史上
又與兩位皇帝（維魯斯、康
茂德）並稱為「涅爾瓦－安
東尼王朝」（Nerva–Antonine
dynasty）。比起帝國前100年
征戰不斷，五位賢君治下的帝
國呈現了穩定的局面，是奧古
斯都以來帝國的強盛時期。涅
爾瓦開創此王朝，羅馬帝國的
基礎設施，如法律、道路交
通、貨幣、度量衡等都在此時
統一。圖拉真開拓疆土，於
115年羅馬帝國的版圖達到最
大。哈德良建立全帝國的官僚
機構，並在英國建立哈德良長
城防禦皮克特人入侵。到了安
東尼的時代帝國達到最興盛的
階段，至奧理略時帝國出現頹
勢，在奧理略於180年死亡之
後，由其子康茂德繼任皇帝而
結束五賢帝時代。

（上圖）一世紀的羅馬軍團頭
盔。奧理略雖然本身是個崇尚
和平的帝王，但他一生有三分
之二的時間都在戎馬中度過，
除了波斯及蠻族的入侵外，帝
國將領的叛亂也使得他不停地
四處征伐。

那麼，奧理略是個什麼樣的人呢？即使當了皇帝，我們從他的雕像便能發現：他沒有穿著一個正統羅馬皇帝該穿的紫色長袍（雖然他後來偶會穿著）。因此，他大部分時間穿的是什麼衣服？那是一種非常粗糙的羊毛紡織短袍，這代表了他不想過特別舒適華貴的生活，而羊毛短袍在羅馬時期具有特別意涵，那是哲學家普遍的穿著。從此處可以切入接續的重點：我們說「哲學家」，同時也說「皇帝」，從這樣的對比關係，可以更進一步了解這是一本什麼樣的書。雖然未能細緻地拆解這本書的結構，以及討論其論證方式，但是可先提供一種引介：這到底是本什麼樣的書？我們應該如何閱讀？它又是怎麼樣的寫作方式？這種寫作、閱讀方式，對於今日的我們而言非常陌生，甚至是幾近失傳的一種閱讀方法。所以我們今日打開這本書閱讀時，會覺得有點莫名其妙，為什麼？

沉思錄或是格言錄？

我曾經跟張大春談起《沉思錄》，他開玩笑說：「這本書就等於以前蔣中正寫的《蔣公嘉言錄》。」為什麼會這麼說？我先引用《沉思錄》中的話：「那對身後的名聲有一強烈欲望的人沒有想到那些回憶他的人自己很快也都死去，然後他們的子孫也要死去，直到全部的記憶都通過那些愚蠢地崇拜和死去的人們而終歸湮滅無聞。」然後他又說道：「如果你回到你的原則並崇敬理性的話，這十天你對人們就會像是一個神。」「不要去探究他的鄰人說什麼、做什麼或想什麼，而只注意他自己所做的。」

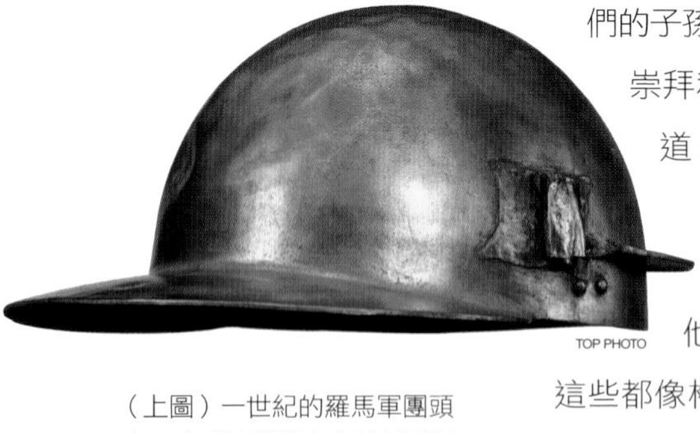

這些都像格言，都是一些為人箴言，頂多加一些《心靈雞湯》，相當莫名其妙，有時候覺得比《蔣公嘉言錄》還不如，而且也沒有結構可言。除了第一卷比較清楚地交代身世，後面的內容則是不斷地在重複。上述引用的一段話，在這本書裏起碼以不同的語句、方式重複了十遍以上。

TOP PHOTO

　　這算是什麼書？它為什麼是經典，為什麼溫家寶要看它？柯林頓要讀它？歌德喜歡它？它的妙處在哪裏？人類歷史上有很多經典都遭遇相同情況，當我們都說它是經典，但真的閱讀時就會被嚇到：「它為什麼會是經典？」「我為什麼不乾脆去看一下，比如劉墉的書，說不定會寫得比它好多了。」從這些問題開始，接著要深入了解：「它到底是本什麼樣的書？」

（上圖）柏拉圖與他的學生在交談。此畫出土於義大利龐貝城。柏拉圖在他的《理想國》中探討了理想的國家領導者應該是哲學家，或者是具哲學的精神與力量。

奧理略統治期間（161～180）戰爭不斷，而且還有多次災害，例如165年瘟疫在整個帝國各處蔓延，167年瘟疫流竄至羅馬。奧理略剛繼位時與維魯斯共同執政，一直到維魯斯於169年去世，才結束羅馬帝國首次的雙人執政時期。162年流經羅馬的提伯河潰堤造成大氾濫，摧毀羅馬城市大部分地區，兩位執政者都把這樁危機當作個人首要關注對象。奧理略任期內發生幾次重大戰役：亞美尼亞戰役、帕提亞戰役，他親自討伐日耳曼馬科曼尼部落。由於連年戰爭導致國庫空前虧缺，因此奧理略的晚年生活也較拮据。

（上圖）圖拉真時代的羅馬通訊塔。在古代，邊境的軍事通報以烽火台為主體，藉由火光可將訊息傳遞至遠方。

「雪是白的」與「心靈雞湯」的差異

當我們說《沉思錄》屬於一個哲學家的著作時，不妨先了解什麼是哲學家。上文提及哲學家在羅馬帝國時代是一個穿羊毛短袍的人，這句話的意思是什麼？就是哲學家是你走在路上就能認得出來的人。我們今日能不能在路上認出一個哲學家？這是不可能的。為什麼哲學家能被認出來？要知道我們今日所說的哲學，跟古希臘羅馬的哲學是截然不同的兩回事，現今所說的哲學、所知道的哲學，是一套非常系統、學院內的、書本上的一套論述。它是一種理論，我們在哲學裏討論很多問題，但是我們從來不會給大家做人方面的具體建議，也不會給什麼心靈建議，正統哲學不做這樣的事。

我記得自己最初想念哲學的原因是小時候困惑於生命的意義。我在中學時曾做過一個很瘋狂的舉動。當時我發現我們為人處事往往出現很多矛盾：比如我今天對一個人說謊，又對另一個人說實話。這個時候我就矛盾了，為什麼不能用同一個原則對待所有人？比如說我說謊，就對所有人都說謊；該說實話，就對所有人說實話。因此，我想找到每個行為背後的原則跟根據，觀察那些根據與原則有無矛盾之處？所以我曾經做過這樣的一件事：我使用一張很大的紙，把我想得到關於今天所做過的每一件行為記錄下來，並且在下面畫線去推理背後的驅動原則是什麼？然後再去比較這些原則是否產生矛盾，最後畫出一張非常龐大的樹狀圖。畫了一個禮拜之後，我覺得太累了，每天要畫上一兩個鐘頭，之後我就不畫了，這是我初中二年級的事。

我讀哲學便是基於這個困惑我的問題，我希望哲學能給我答案。結果當我讀完哲學之後，我發現哲學教了我什麼呢？哲學教給我的是「雪是白的」，而且只有「當雪是白的

時候」，這句話是什麼意思？哲學教給我的是「什麼叫做現象？」，或者德里達説的「藥」字是「醫藥」還是「毒藥」的多重意義。我學到了一堆這樣的東西，但是我所在的學院哲學系中卻沒有人教我今天出門遇到一個人的時候，我該怎麼辦？它並不教導我這些事情，相反地，教我這些的人都在電台或是暢銷書裏出現，稱為「心靈哲學」，或者是「心靈雞湯」，這些都是正統哲學所看不起的。然而，在希臘羅馬年代的哲學卻不是現今的狀態，那個年代的哲學兼具了今天我們所説的心靈指導部分，更準確地講，哲學發揮了很大的宗教作用。

哲學是一種生活方式

如同宗教的古今之別，我們今天所知的宗教，與古代歐洲的宗教也大相逕庭。今日的宗教是什麼樣的宗教？無論是

（上圖）涅爾瓦廣場。涅爾瓦（Marcus Cocceius Nerva, 35 ～ 98），羅馬五賢帝的首位，他於前任皇帝被暗殺後受元老院推舉而繼位，以謙和為其施政原則，並且收養圖拉真為養子，使圖拉真成為羅馬執政官。此種舉薦聲望人士成為執政者的制度，延續了整個五賢帝時期，並締造了羅馬百年的盛世。

23

羅馬帝國的傳位制度 依靠領養男孩來接續自己的王位是很普遍的，這種領養的傳位制度也透露出羅馬人的生活價值觀。羅馬人普遍認為一個家族之中至少要有一位男孩來當法定繼承人，但由於養育小孩的開銷很大，要讓小孩進入仕途就要花很多錢，而且越是上層階級所要花費的錢也就越多，因此多半羅馬家庭會限制自己家中的小孩不會超過三個。可是當時小孩的夭折率很高，所以透過領養方式就可解決後繼無人的窘況。最典型的代表就是羅馬五賢君時期，透過領養的方式讓國家政權和平轉移，不會因為自己的小孩奪權而對帝國造成無以復加的傷害。

TOP PHOTO

（上圖）維魯斯（Lucius Verus ,130～169）雕像。維魯斯年幼於奧理略九歲，兩人同時被安東尼收養，栽培為羅馬帝國的接班人。「二帝共治」亦為奧理略時期的特殊政體。可惜兩人共同執政八年後，維魯斯因染上瘟疫而亡。

任何一個龐大的一神教，或者是比較沒有神的如同佛教，他們都會給出一套完整的生活指導，關於一個人該怎麼做人？甚至是該怎麼吃飯？需要吃些什麼？這些都是一套完整的生活指導。但是，古代的宗教並非如此，像是羅馬人的宗教從來不會告訴人該怎麼做，除非去問卦、占卜，神給他一個神諭，但是一般當時的宗教只是純粹的祭拜和祈福，在今日來看是一種相當迷信的宗教。

那麼當時誰會提供完整的生活方案呢？答案就是哲學。而哲學提供的是什麼？以蘇格拉底為例，我們要知道蘇格拉底的哲學不是我們今天在書上看到的那種一套套的對話。蘇格拉底年代的哲學，同時是他的生活方式、其為人方法。他的行徑就像個瘋子，他在市中心的廣場內（其實也就是菜市場而已），天天閒逛，然後看到人就找人聊天，是個非常無聊的人。當然他也會討論很嚴肅的問題，聊著聊著就會問說：「什麼叫做美？」然後就開始討論。又或者碰到另外一個人就問：「什麼是正義？什麼叫做勇氣？」便展開這場談話。蘇格拉底的談話內容就是他的哲學，但他談話的行為，這種到處找人聊天、漫步的方式，同時也是他的哲學。同樣的，當時還有一些知名的哲學家也有他們自己的哲學。比如畢達哥拉斯的哲學是什麼？他的哲學不僅是所寫出來的東西，而且是他與他一幫弟子的生活方式，就是一群人進行神秘的宗教儀式，其核心是什麼？就是大家算術，數學即是他們的宗教儀式。

或者如同古希臘大哲赫拉克拉底斯的一句名言：「人不可能踏進同一條河兩次」。意味萬事皆流，所有東西都是流動，什麼事情都在不斷地變化。而赫拉克拉底斯的哲學是什麼？他不只是說著像這樣的話，他擁有自己的生活方式：躲在樹林中，晚上點火對著火焰沉思。

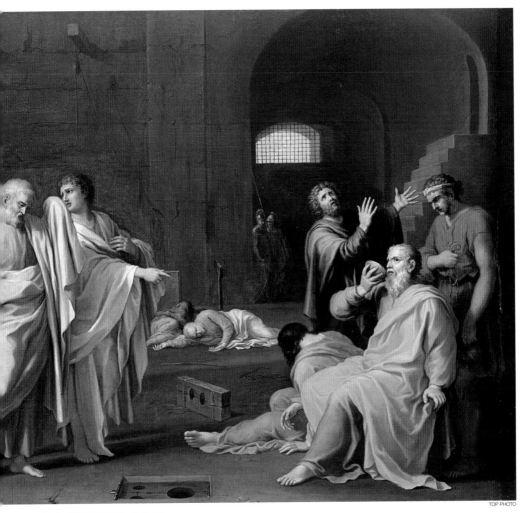

斯多噶派與伊比鳩魯派

換句話說，古代的希臘羅馬哲學家所開創的不只是一套哲學思想，還是整體的做人方法跟風格。今天如果去台大哲學系，其中可能有很多不同的教授，研究不同流派的哲學。但是你會發現他們穿的衣服跟其他人沒有很大的差異，就是你不會從他們的衣著外觀、生活方式、走路姿態、說話頓挫上，看出他們擁有什麼特別的生活風格或者與常人的分別。

然而希臘羅馬時代並非如此，古代哲學家就如同奧理略，他是走到路上便能被辨認出是哲學家的人物，而且他們通常

（上圖）佛雷斯諾伊（Charles Alphonse Du Fresnoy, 1611 ～ 1668）《蘇格拉底之死》。蘇格拉底，希臘哲學家。畫中右方的蘇格拉底飲毒藥自盡（他因「敗壞雅典青年思想」被判刑），死前依然不放棄地教育學生。

25

伊比鳩魯（前341～270年）是伊比鳩魯學派的創始人。他結合阿瑞斯提普斯（Aristippus）的享樂主義與德謨克利特（Democritus）的原子論。因此伊比鳩魯學派的主要思想，就是要達到不受干擾的寧靜，進而達到「快樂」的境界。傳說中該學派都居住在伊比鳩魯的住房和庭院內，完全與外部世界隔絕，因此又被人稱為「花園哲學家」。他們追求快樂，認為人類最大的良善就是來自於此，換句話說，沒有快樂就沒有良善。而快樂包含肉體和精神層面，並且將它分為積極和消極兩種，認為後者優於前者，消極的快樂更是「一種厭足狀態中麻醉般的狂喜」。後來英文的Epicurean就是用來形容那些追求享受快樂的人，具有貶意。

TOP PHOTO

（上圖）芝諾（畫面上方）肖像。芝諾是斯多噶學派的創始人，因其最早於雅典的阿茲里阿諾斯畫廊講學，因此得名「斯多噶（畫廊）學派」。

剃著光頭。奧理略不是當時唯一的皇帝，他有另外一個共治的皇帝叫維魯斯（Verus），與他完全不同。維魯斯是典型的羅馬人，好勇鬥狠，每天在宮廷中就是一幫男人們誇耀著自己，大肆喝酒。然而在奧理略的宮廷那邊，由於他的特殊喜好，聚集了一幫剃光頭穿短羊袍的人，而且這幫人都標榜自己吃得少、睡得少，還要剃光頭、穿粗糙的羊袍，並且睡在一個完全不像高官皇帝所使用而是非常簡樸的木床，為什麼？因為他們信奉一種特別的哲學流派──使用「信奉」這個字眼是因為它如同宗教──這個哲學流派就是斯多噶派。在現今哲學史上，我們往往形容斯多噶派是禁欲主義者，同時必定會談到的另一個學派就是伊比鳩魯派，就是所謂的縱欲主義者，縱欲主義者講究的是要快樂，但這是大家的誤解，伊比鳩魯講的那種快樂，並非縱容肉身欲望，而是要說明哲學沉思的快樂。

哲學的三大任務

斯多噶派的創始人是希臘的大哲芝諾（Zeno of Citium），芝諾最為人熟知的就是「詭辯」，比如「永遠射不中靶心的箭」。何謂「永遠射不中靶心的箭」？比如說現在要射箭，對面有一個靶心，芝諾認為箭永遠不可能到達那個靶心，因為從射箭這個地方畫一條線到那個靶心，假設有條線在此處，而一條線是由點所組成，一條線的點又可以無限切分，也就是說，一條線是由無限的點所構成。既然如此，要是從此處把箭射出去，它就必定經過無限的點，因此它就永遠不可能射中對面，這就是有名的希臘哲學家芝諾的三大詭辯之一。

斯多噶派日後又吸收了一些蘇格拉底、赫拉克拉底斯的思想，最後融合成一套非常完整的哲學體系。這套哲學體系的核心是什麼？就是認為世界萬事萬物，都被"logos"所統御。"logos"在中文裏被翻譯為「道」、「統御」。事實上，"logos"是希臘文常見的語彙，指涉的範圍非常廣泛，在英

文中可翻譯成「理性」、「言語」、「原則」、「根據」等，
而在中文裏，我們以「道」解釋它，「道」即是「道可道非
常道的道」。

斯多噶派認為宇宙由道所統治、調解，而道是什麼？它是
一種理性的秩序，在這個道的調解之下，宇宙萬事萬物都因

（上圖）赫拉克拉底斯
（Heraclitus, 公元前535年～公
元前475年），希臘哲學家，
也是愛非斯派的創始者。他認
為世界是一個統一體，其本質
便是"logos"（邏各斯），logos
是智慧，也是火。

27

此安排得完好妥帖，恰到好處。而人的身上也有道，更準確地説，我們也是道的一部分。作為萬事萬物的一部分，我們人類也參與在道之中。而道又如何表現？即是我們的理智。「道」在斯多噶派的理解中，不僅是個抽象原則，甚至是種物質，是一種宇宙論。他們真心相信宇宙中有一種東西可以觸摸得到，並且認為如果有適當工具的話，人類能找到個名為道的東西。道是個物質，又是理性的。這就是斯多噶派所信仰的神秘宇宙論。

根據這樣的道的原則，斯多噶派認為他們給出了哲學的幾大任務。首先，必須要認識自然世界的結構，如同今日所謂的物理學，也就是説，物理學是發掘自然世界的道。再者，我們要研究邏輯。就是我們對這個世界、對知識體系內的理性結構的認識。接著要研究的是倫理學，因為作為一個人，我們擁有自由意志與活動能力，我們需要知道在這個世界裏，如何與人互動才是符合關於道的原則。這就是斯多噶派的三大哲學部分。當時斯多噶派的哲學家們，開設很多學校來教育學生。而那個年代的哲學學生，所習得的不僅是些學問內容，同時也要學習老師所傳授的、符合斯多噶派所重視道的精神倫理的生活方式。因此，他們學到的是一整套為人處事的方式，比如前述所説吃喝簡樸、生活需要高度的紀律，對自己有非常高的道德嚴格的要求……幾乎像是中國春秋戰國的年代，我們所看到的先秦百家諸子。也就是説，古代思想其實都是如此，它不會割裂學問，不會硬是區分思想與行動的部分，而是視其為一個整體的體系。

Aavindraa提供

（上圖）亞里斯多德的《尼各馬可倫理學》書影。《尼各馬可倫理學》是亞里斯多德關於倫理學的代表著作，他的倫理學概念上承柏拉圖，邏各斯在此指的是「理性」。

斯多噶派在羅馬的流行

斯多噶派的哲學家，在羅馬意外地大受歡迎。羅馬帝國本應

不會歡迎像這樣子的哲學流派，但為何他們會受到注意？這是因為斯多噶派講倫理學的部分中，往往強調世界就像一個城邦，城邦就像一個世界。而人在城邦之中，或人在世界之中，應該找到一個最恰當公正的、對待別人的方法，也就是一種符合道的方式。

源於這個面向，斯多噶派會鼓勵他的學生們，不要當那種隱居的人，而要積極參與公共事務，而在公共事務的參與裏，必須要表現公正。因此，他們變成一種在俗世裏極具應用價值的哲學。而當時這些哲學家們的名聲也相當崇高，事實上，當時很多著名哲學家都是奴隸。現今我們當然知道希臘和羅馬有很多奴隸，然而我們不能用今天的想法去理解所謂的奴隸——認為奴隸就是被鐵鍊捆著，很可憐，然後每天晚上被主人鞭打或火烤。當時有很多種奴隸，其中一種奴隸專門讀書和認字，因為以前的文盲非常多，很多貴族其實是

（上圖）喬丹奴（Luca Giordano, 1634 ～ 1705）所繪的《塞內卡之死》。塞內卡，希臘哲學家，也是斯多噶學派的代表之一，其著作有《對話錄》、《論憐憫》等，最後因政治鬥爭被尼祿所賜死。

（上圖）古羅馬的書籍販售。羅馬帝國時代，有許多奴隸是識字的，並可以在貴族家中擔任書記或是老師等職位。

不識字的。古代羅馬有很多大藏書家，但那些大藏書家們自己卻不識字，那麼他的藏書該怎麼辦？當時的讀書方法是這樣：請一個有高深學養的奴隸到家中朗讀。奴隸之中有很多早就具備了高深的學問，因為羅馬帝國到處征戰，征服了很多希臘城邦，那些希臘人原本學養極佳，但被羅馬征服之後就變成奴隸。大藏書家們於是便找奴隸到家裏參加聚會，當時的貴族聚會是這樣的：去貴族的家中看看家裏藏書、吃飯。然後便找一個奴隸、選一卷書，比如選了亞里斯多德，奴隸便開始朗讀了。接著這些貴族聽眾們便會說：「嗯！說得真好！」

當時上流社會的娛樂就是這種情況。所謂的讀書就是有一個人出來讀給大家聽。當時真正能自己讀書的人並不多，而那些奴隸中有很多人的學問都很好，主人往往會因此太欣賞他便釋放了他，讓他恢復自由身。因此，很多這樣奴隸自由之後，便成了哲學家，進而開班授課。這些人都非常窮苦，卻擁有很好的名聲，如同今日所稱的聖人。奧理略自己便跟隨過這樣的老師，或是這樣的老師所傳的弟子，從他們身上學到了斯多噶派的哲學原理。

寫作：作為一種精神修行

奧理略將自己的哲學嚴格地限定在幾個部分：第一、他不探討物理學知識，他對這方面沒有興趣；第二、他在卷一裏說得很清楚，他不學邏輯，或者說他學了但是沒有特別專注。他最關注的是先前所說斯多噶派三大哲學裏面的最後那一塊──倫理學，就是關於生命該如何度過、人應該如何處

世的問題思考。

　　上文提到閱讀這本書的困難之處，這裏必須注意幾點。這本書是一部格言集，而且非常反覆。後人喜歡它的原因很多，包括文字相當美、相當簡潔，但是這並不是奧理略所著重或是我們覺得有意義的部分。那麼，最重要的部分是什麼？就是他的寫作方法。這本書裏常常用第二人稱「你」，這個「你」是誰？奧理略絕沒有想到這本札記會出版才會用「你」，這個「你」絕對不是讀者。也就是說，這本書不是寫給我們讀者看的，他是寫給他自己的。這本書可以說成是日記，但也不完全是。我們必須問：「日記應該怎麼寫？」日記就是以比較隨性的方式記錄每天的事情，像是隨時想到的

（上圖）準備宴會的僕人，羅馬馬賽克壁畫。

31

東西、做學問的筆記等等。但是在《沉思錄》裏，可以發現奧理略非常講究用字，甚至是有推理的。換句話説，要是把《沉思錄》當成書來閱讀，它會顯得不夠完整；把它當日記來看的話，又太完美了。

更重要的一點是，奧理略的母語是拉丁文，但他卻選擇用希臘文來寫這本書──為什麼要用一種外語來寫日記？首先我們必須了解，當時羅馬帝國的學術語言是希臘文，他使用希臘文的想法，其實是要跟自己製造距離，他恰恰不希望自己像一般人寫日記的樣子，非常直接地湧現一些東西並且鋪陳於紙上。相對地，他要的是跟自己保持一段距離，透過寫作與自己製作一個內在的張力，所以他使用第二人稱，就是自己在跟自己對話。當自己在跟自己對話的時候，你就會跟自己分開了。他就是要像這樣把自己與自己分開。這是因為在這樣的寫作過程、分離的過程裏，其實是一種修鍊。簡單地説，《沉思錄》用中文來説其實是一種修行工具，用英文來講則叫做"spiritual exercises"。一位法國偉大的學者哈道特（Pierre Hadot）寫過一本在我看來是對《沉思錄》最好、也最重要的解讀，他提出《沉思錄》是一本 "spiritual exercises"，中文就是「修行」的意思。那麼，「什麼是把寫作當成一種修行？」或者「寫作如何可能修行？」

上文提過這《沉思錄》要做的是倫理學的探討，然而對於倫理學的探討中，他並沒有發展新創見，沒有出現創新的想法。正如上述解釋哲學家在古代的意義：那些按照哲學指定的方式去為人的人就叫哲學家，他不一定是寫過什麼了不起的論述的人。以前反對凱撒大帝的其

（上圖）奧理略與他的醫生，此處的醫生可能便是指蓋倫（Aelius Galenus, 129 ～ 200），古羅馬醫師及解剖學家，約繪於1655年。

TOP PHOTO

中一人叫卡圖（Marcus Porcius Cato Uticensis，或稱Cato the Younger，用以與其祖父區別），同樣也被認為是斯多噶派的哲學家，但他寫過什麼東西嗎？沒有，不是因為失傳，是他根本就沒寫過東西。為何還會有人說卡圖是了不起的哲學家呢？那是由於他為人處事的方法。同樣地，就算是寫過一些新的理論，當時的人也不要求你得創新。哲學為何要創新？最多就是對從前思想的詮釋而已。因此，奧理略的這本書並沒有什麼新見，所重複的是斯多噶派其他哲學家以前曾提及過的事情。

《沉思錄》重要的地方在哪裏？他總結了別人教育他的東西後，把它化為一組規律，然後每天重複地在書寫這些規律，把

（上圖）帕拉吉（Pelagio Palagi, 1775～1860）所繪的《凱撒自述》（Caesar dictates his commentaries）。凱撒是羅馬共和時代的執政官，除了政治上的貢獻之外，他亦留有《高盧戰記》等作品，因筆調平實客觀，就連當時著名的羅馬政治家、雄辯家西塞羅（也是凱撒的反對者）都曾盛讚他的作品。

這些規律應用到自己的生活處境之中，簡單的說有三大教條。

斯多噶派的三大教條

斯多噶派在倫理生活裏指導的三大教條：第一，它講究的是 "perception"，意指對世界的感知必須客觀。斯多噶派相信人類對世界的認識是這樣子來的：這世界的一切事物，透過我們的感官到達我們的心靈，我們的心靈就從這些感官裏面抽取了一張對外在世界的影像、一個印象，希臘文叫做 "φαντασία"，就是英文 "fantasy" 的字根。用一個簡單的比喻：就像照片一樣，過去使用底片相機時，外在的事物被鏡頭折射進來，是由在裏面的底片將外在的事物記錄下來，那個底片就是斯多噶派講的 "φαντασία"，意味我們人腦裏的「印象」。

那麼，斯多噶派講究的對世間的客觀感知又是什麼意思？這就是說，我現在看到什麼它就是什麼。舉一個簡單的例子說明：假設一個正在進行活動的演講廳著火了，觀眾們一定會很緊張，並且覺得這真是件壞事。而在斯多噶派訓練下的人會如何反應？就是看到戲院著火、演講廳著火，人家問著有什麼感覺時？他只會說「演講廳著火」，並認為這沒有好壞分別，這是基於他們客觀認知而說的話。甚至是看到有人殺人，在大眾看來這絕對是件壞事，而斯多噶派的人只會客觀地說：「有人殺人了」。這就很像佛教的思想「看到什麼就是什麼」，每一刻是專注正念，每一刻都要講究這樣的客觀認知，先不要加入價值判斷，價值判斷是後面出現的東西，這個後面出現的價值判斷會扭曲這樣的認知。

接著第二個教條就是要正義地對待他人。斯多噶派講的正義對待他人，與今日習稱的公平不同。羅馬人不相信每個人皆平等，不然就不會有奴隸了。他們所相信的正義，就是你應該要以最符合那個人的身分的模式來對待他，比如身為一個主人對待他的奴隸時，便不能將奴隸當作主人一樣，而必

TOP PHOTO

（上圖）古羅馬的波特蘭花瓶，這是一種在深藍色玻璃上裝飾白色陶瓷的花瓶，現藏於大英博物館。它展現了羅馬帝國的奢華，而奧理略本人信奉的斯多噶學派，卻強調樸素、禁欲。

須要以恰到好處的方式來對待，這才叫做正義。羅馬人所謂的正義，就是每個人都有自己的位置，每個人都有自己的階級，道讓這個世界具有完美的理性秩序。而為人處事要符合道、符合理性的話，就應該要恰到好處地對待他人，正如同當我們運用理性感知世界時，我們是客觀、不帶偏見的。

最後一個教條則與第一條有關，它指的是必須要紀律化自己的意志。簡單地說，上述第二教條提到「我們要正義地對待他人」，它規範的是我們的行為。在這個範圍內應該如

（上圖）克里希伯斯（Chrysippus of Soli,公元前279年～公元前206年），斯多噶派哲學家，克里希伯斯被喻為斯多噶派第二個創始人，他曾以嚴密的邏輯論證斯多噶學派，並以此反駁伊比鳩魯學派，對斯多噶學派的傳播甚有貢獻。

35

何對待他人，是人類可以控制、可以調節的。比如當我演講的時候，我看到台下有觀眾在睡覺，我應該如何正義地對待他？這是我的可控制範圍，我可能拿一本書丟過去，也可以尊重他把講話的音量變小讓他繼續去睡，這是正義地對待他原來的方法。但是人生活在世界裏，總會出現一些我們無法控制、掌握的事情。舉個例子來說，像是我喝水時，一隻蒼蠅突然掉進水裏，而我居然喝下去了，這是一件小小的不幸事情。人生中充滿了這種小小的不幸，我們該怎麼辦？

斯多噶學派會這麼說：「要訓練自己的意志。」而這個意志表現出的態度是什麼？是接受。因為宇宙萬物都有個道存在其中，道把宇宙變成它應該有的樣子，包括命運。我為什麼會喝到一瓶裏面有蒼蠅的水？合該如此？這是命運，它必然要這樣發生。那麼，我們又該怎麼辦？斯多噶派說的理性的態度又是什麼？

理性是道的一部分，人們要以道的態度對待道所掌握的世界，理性的態度就是如此：既然我知道這是道的安排，最理性的態度就是不要抱怨、不要生氣，並且接受它。那麼，要是別人對我做了壞事，我又該怎麼辦？別人傷害我怎麼辦？斯多噶派認為，要是有人傷害我的話，那肯定也是道的秩序的一部分，也只能默默地接受。再者，根據上述的第二教條，每個人都必須依據道的指導公正地對待他人，而現在有一個人不公正地對待我，有問題的不是我，是他，他破壞了道、他不符合了道。這就是斯多噶派第三教條所強調的部分。

以假想推衍出原則

這三大教條即是《沉思錄》的核心教條，奧理略反覆地寫、反覆地講，中間會衍化出不同的東西出來，這是他寫作的方式。當時他追隨了一個偉大的斯多噶派哲學家，他教訓學生們要每天寫作，內容就是把每天學到的東西再寫一遍，等於每天提醒自己該怎麼為人處事。並且要把自己經歷

TOP PHOTO

（上圖）羅馬出土的敘利亞奴隸銅像。公元前64年，羅馬併吞敘利亞，因此羅馬帝國中有許多奴隸皆來自於此。

過的事情、可能經歷的事情，放在那個教條之下，觀察自己
做得如何？這如同上述所舉的例子，原來我初中二年級的時
候就無意中成為了一個斯多噶派，每天記錄我的所言所行，
看看背後的原則對不對。除此之外，書中也常常出現一些假
想，就是假想某種狀況，把自己想像進一個狀況裏，然後想
像自己會如何應對。就是想像一個場景，然後把那些原則推
衍出來，再度地提醒自己該怎麼為人處事、應該要如何行
動。在《沉思錄》的第四卷裏，他這麼說：

　　考慮一下維斯佩申的時代，你將看到所有這些事情：人
們婚育、生病、死亡、交戰、飲宴、貿易、耕種、奉承、
自大、多疑、陰謀、詛咒、抱怨、戀愛、聚財、欲求元老和
王者的權力。而這些人的生活現在已全然不復存在了。再回

（上圖）君士坦丁凱旋門，上
頭刻有圖拉真與奧理略的事
蹟。其中奧理略的部分主要為
讚揚其於馬科曼尼戰爭上的勝
利。奧理略雖然一生幾乎於戰
爭中度過，但其《沉思錄》卻
透露了和平的思想。

37

羅馬元老院

羅馬人口的階級有二：元老院及羅馬人民，著名的 "SPQR" （拉丁文為Senatus Populusque Romanus）為其縮寫，意為「元老院與羅馬人民」，成為羅馬帝國的正式名稱，並銘刻於許多公共建築上。

元老院為羅馬第一任國王羅慕路斯（Romulus）所建立，他同時也建立了羅馬軍團，在位期間將大量土地納入羅馬範圍。至共和中晚期，元老院的人數約有三百名。共和時期，發展齊備的元老院制度結合了貴族與平民，所擁有的權力涉及祭祀、財政、徵兵、軍隊、戰爭，以及隨著羅馬領土擴張的行省管理。在公元前48年，為了維護共和傳統，元老們合謀刺殺凱撒。然而到了公元前27年，屋大維（Gaius Julius Caesar Augustus）結束內亂，成為羅馬第一位皇帝後，改國體為帝制，同時削減元老院的權力，雖然他稱這種由皇帝與元老院共同治理的制度為「二元政治」（diarchy），並且任命元老院所推薦的人士出任公職，但實際上已由皇帝獨攬大權，此時元老院的意義已與共和時期多所不同。

晉升體系（拉丁文：Cursus honorum，意為「榮耀之路」）

晉升體系給予具有元老身分的人作為仕途指南，意指羅馬共和與帝制初期的政治職位次序，有年齡限制與各職位時間的間隔限

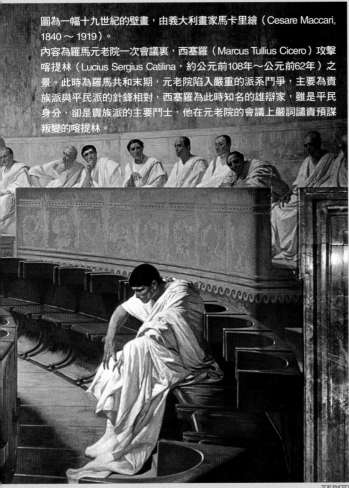

圖為一幅十九世紀的壁畫，由義大利畫家馬卡里繪（Cesare Maccari, 1840～1919）。

內容為羅馬元老院一次會議裏，西塞羅（Marcus Tullius Cicero）攻擊喀提林（Lucius Sergius Catilina, 約公元前108年～公元前62年）之景。此時為羅馬共和末期，元老院陷入嚴重的派系鬥爭，主要為貴族派與平民派的針鋒相對，西塞羅為此時知名的雄辯家，雖是平民身分，卻是貴族派的主要鬥士，他在元老院的會議上嚴詞譴責預謀叛變的喀提林。

TOP PHOTO

要負責司法職務，給予仲裁，並且與執政官同具占卜權，穿著鑲紫紅邊的長袍，擁有貴族官員圓凳，並且擁有製作肖像的權利。

5.執政官（Consul）
每年選出兩位執政官，任期為一年，為羅馬共和時期行政體系中最高階的職位，年齡下限為四十歲，負責城邦與軍事事務，握有最高軍事指揮權，但同樣也受到元老院的限制。執政官的名字同時也是當年紀年命名的來源，他們穿著鑲紫紅邊的長袍出席會議，並且擁有象牙座凳。

6.監察官（Censor）
兩位監察官並未負責統治事務，負責羅馬的人口調查或是羅馬市民及其財產登記與相關的公共事務。擔任過裁判官的人才有資格參與監察官的競選，可說是羅馬行政體系中最富影響力的人之一。

7.獨裁官（Dictator）
從執政官中選任，或是經由執政官指定，被元老院授予高度信任，從公元前451年《十二銅表法》發表後，獨裁官作為軍事官員的特點愈發顯著，因此歷史上以軍事獨裁官較為出名。

制，並且禁止重複擔任同一職位。

1.軍事官（Military Tribune）
為整個晉升體系的基礎，根據規定，志在宦途的年輕政治家們必須先擔任十年軍職，才得以進入政治體系中的職位，然而這個規定並非被確實執行。

2.財務官（Quaestor）
根據時代演進而有四至二十位名額，為晉升體系中的第一個正式位置，年齡限制為三十二歲，而貴族則為三十歲，工作內容主要負責國家的財政機構。

3.市政官（Aedile）
年滿三十六歲即能參與市政官的選舉，四個名額中有兩位來自平民，兩位選自貴族，工作內容為羅馬的市政建設。

4.裁判官（Praetor）
共選出二至八位，任期為一年，主

8.平民保民官（Plebeian Tribune）
共選出十位，目的在於保障平民權益，具有否決權，表現與貴族相互制衡的特色，此職位不在晉升體系內，是為平民進入宦途的重要階段。

到圖拉真的時代，所有的情況也是一樣，他們的生命也已逝去。也以同樣的方式觀察一下別的時代和整個民族，看看有多少人在巨大的努力之後很快就倒下了，分解為元素。

他總在提醒自己這種狀況，總是想像這些狀況，這就是一種精神上的修鍊型寫作。每天在想像，想像那些沒發生過的事情，而這種想像與寫作跟他作為皇帝本身所直接相關的地方是什麼？這是一本哲學練習書，是一本修行寫作的記錄，所以每一位不同的修行者，隨著身分不同，寫作的內容、想像的題材也都不同，而在推衍這三大教條時，也都會出現不同的內容。

由於奧理略是個皇帝，所以他總是講跟皇帝有關的事情，例如他在卷六第三十二節裏面說到：「注意你並不是要被造成一個凱撒，你並不是以這種染料染的，以便這樣的事情發生」。此處的「你」就是指奧理略自己，這是他對自己說的話。凱撒指的當然是凱撒大帝，自從凱撒大帝之後，羅馬皇帝裏面皇位就稱為「凱撒」，後來有一個時期的皇位就叫做奧古斯都。由於羅馬以一個偉大執政者的名字命名皇位，所以這裏面提到的「凱撒」其實便意味著皇帝。他說著：「注意你」，也就是「我自己，奧理略」。那麼，「你」不是天生是皇帝，該怎麼辦？他又說：「所以你要使自己保持樸素、善良、純潔、嚴肅、不做作、愛正義、崇敬神靈、和善、溫柔，致力於所有恰當的行為吧」。他常常使用這樣的方法，每天提醒著自己，這是他的寫作方式，以寫作反覆地書寫所習得的哲學的要求、理論，而且不談理論部分，只談理論推衍出來的教條部分，藉由反覆演繹、反覆想像的方式，書寫記錄下來。

TOP PHOTO

（上圖）1964年《羅馬帝國淪亡錄》劇照。照片中是皇帝奧理略與女兒魯琪拉。《羅馬帝國淪亡錄》敘述奧理略本想將皇位傳給賢臣利比亞斯，因兒子康茂德發現而將之毒死。康茂德繼位，國政敗壞，魯琪拉因反對弟弟的政權而被迫流亡，最後康茂德被利比亞斯殺死，羅馬帝國也逐漸衰亡。

每晚的例行修鍊

奧理略的年代雖然處於羅馬盛世，但是他即位不久就遇到

很多戰禍,在他的統治期間內,戰爭總是不斷發生。首先是與波斯帝國交戰,當時整個世界上唯一能與羅馬帝國抗衡的就是波斯帝國,羅馬跟波斯帝國常常交戰,最危險的一次是派了三個軍團過去,居然沒有一個能回來。然而,波斯帝國卻不是最危險的敵人,最危險的敵人就是電影《神鬼戰士》裏看到的北方日耳曼蠻族。

　為什麼蠻族最危險?第一,因為不知道該如何跟他們打仗。舉例來說,跟波斯人打仗很簡單,兩個帝國交鋒,雙方軍隊各派大軍團出去,然後進行決戰。但是面對日耳曼,由於都是小部落,羅馬帝國只能跟他們打游擊戰,這並非羅馬軍團擅長的作戰方法。第二,倘若要與蠻族進行外交,也無計可施。蠻族沒有國王,沒人能進行談判,只是一個一個的小酋長們,這個小酋長今天說:「好我們不打了」,明天可能又出現另一個完全不同態度的酋長。因此,奧理略感到非常苦惱,後來在對付波斯帝國的東部行省時,有一個非常驍勇的戰將背叛了,他又帶兵過去鎮壓。結果打完仗回來的軍

（上圖）2000年《神鬼戰士》電影劇照。照片左方為康茂德,劇中他因憤怒父親不將王位傳給他而掐死父親。但史實上奧理略相當寵愛兒子,康茂德年幼時,奧理略即將他當作帝國繼承人栽培。

隊，居然把東方某種羅馬人沒見過的瘟疫帶回來了，羅馬帝國因此瞬間死了很多人。

奧理略的一生充滿戰亂、瘟疫、火災、地震，作為一個皇帝，他每天面對這樣的國家、這樣的局面，他一定很需要休息。然而要怎麼休息？他提到了很漂亮的一段話，能充分說明這本書的重要性質，他說：

人們尋求隱退自身，他們隱居於鄉村茅屋，山林海濱；你也傾向於渴望這些事情。但這完全是凡夫俗子的一個標記，因為無論什麼時候你要退入自身，你都可以這樣做。因為一個人退到任何一個地方，都不如退入自己的心靈更為寧靜和更少苦惱，特別是當他在心裏有這種思想的時候，通過考慮它們，他馬上進入了完全的寧靜。

TOP PHOTO

（上圖）康舍瓦托利宮博物館所藏的奧理略浮雕，這是他與蠻族征戰時的片段。

這邊提到的隱退是"retreat"，指的不是完全隱退自身，而指躲起來休息一下。像是現在我們會選擇去峇里島度假，他就會問：「你要退到哪裏？你不需要退到峇里島。」要退到哪裏？他說的是要退到自己的心裏。

奧理略每個晚上寫著這些事情，面對這樣子烽煙四起的國家，我們的哲學家皇帝，脫去他的紫袍，換上了羊毛粗袍，寫下這些句子，以超念自己的心靈、修鍊自己。像是今日的一個總統，如果他相信佛教，他就是每個晚上修行；他要是信仰基督教，便每天祈禱。

與神相遇的沉思

《沉思錄》即是這樣的一本修行書。現在問題落到我們讀者手上了，我們讀一個人的修行記錄又有什麼意義呢？

我們必須使用一種特別的方法，這個方法保留於一歐洲修

道院派當中,也就是天主教的本篤會(Benedict)。本篤會是
歐洲最有傳統、最古老的修會之一。他們認為,每天都要花時
間來進行一種閱讀,這種閱讀稱為神性的閱讀。這有點像是基
督徒查經後進行的討論。事實上,神性的閱讀在斯多噶派的
訓練裏早已存在,他們教書的方法是老師上課,讀一段經典的
原典,比如芝諾的一段話,然後閱讀,解釋之後大家可以提問
討論。但是不僅如此,這個閱讀還是反覆地讀,讀完之後大
家要靜默下來、要想一想,這個想不是現在說的去思考它的邏
輯,而是一種很神秘的想,在天主教的傳統裏面,這種神性的
閱讀就顯得更為重要。

　　神性的閱讀講究什麼?為什麼我們今日不熟悉神性的閱讀
呢?因為我們今天讀書的態度跟以前太不一樣了。我們今日

（上圖）羅馬軍團擊敗日耳曼
蠻族書,繪於1946年。日耳
曼蠻族一直是羅馬五賢帝時代
邊境的最大困擾,其中幾支隻
較大的蠻族包括波西米亞境內
的馬科曼尼人及夸地人,奧理
略在長期的征伐後,決定加以
征服整個波西米亞地區並「行
省化」,但直到他過世前,這
一心願都沒有完成。

出的書那麼多，在這樣的時代裏所追求的閱讀是什麼？是迅速，怎麼樣快速地讀到越多的東西，掌握裏面的資訊，這種讀法是泛讀。但是在從前，在那個沒有印刷術的年代裏，真實的情況是一書難求，書是很珍貴的，是用抄寫得來的，能拿到一本書就很了不起了。倘若拿到一本書，又會怎麼對待它？答案是好好讀，那個年代的讀書是精讀。在十四世紀時，如果一個歐洲學者説自己博學，他的意思可能就是他這一輩子看過了幾百本書，這在我們今日的標準中絕對不叫博學，現在大家都已經看過幾百本書，包括漫畫書、教科書等。以前的人讀書是精讀，而且還要是被迫以很慢的速度來進行。那是因為書裏是沒有標點符號的，像是中國的古籍從前也沒有斷句，所以必須句讀，就是要懂斷句，歐洲人也是如此。標點符號是很晚才出現的事，全世界的書寫體從前都是集體的、沒有標點符號的，下標點符號的責任在讀者身上。所以，一個讀者要下標點符號的話，必須要讀得很慢、要摸索出其中的意義。

TOP PHOTO

（上圖）密特拉撲殺公牛。密特拉（Mithra）原本為祆教與摩尼教中的太陽神，古羅馬帝國沿襲了這個信仰，祭祀時並以公牛獻祭。古羅馬的宗教信仰與現今認知的「宗教」略有不同，古時宗教主要為祭拜、祈福，而非追求真理。

再者，當面對一本非常重要、跟靈性有關的書時，例如讀聖經的時候，這些修士、神父、學問僧們，又會怎麼讀？他們會一段一段地讀，非常緩慢地讀，然後讀完之後沉默下來思考，閱讀之前還會進行儀式，像是祈禱，讀完之後又有儀式，又比如説是祈禱。在這個過程裏，他們會反覆咀嚼內容，讀完之後可能一整天腦子裏就只想著那一段話，甚至將它背誦起來。有時候甚至是集中到一句一句來讀，以非常細膩的方式，死命地思考其中的含義，但那含義有時候在字面上很淺的，他們卻能讀出一些我們所

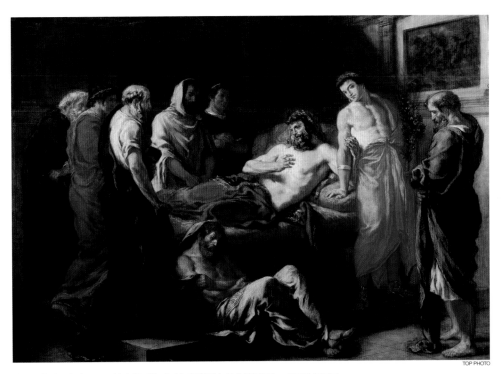

讀不出來的東西，這是因為在這種讀法的狀況下，如果是面
對《聖經》的話，讀者能夠在文本裏與神相遇，這種狀態叫
做「沉思」。沉思就是在這樣的狀態下你讀了書，並且透過
書本、文本，通向了一個無限存在的領域。

　　這樣的讀法，就是我們今天所不了解的「讀書」。透過這
種精讀，要是讀的是神聖文本的話，便會通向另一個存在。
現在我們更不會以這種方式讀書，除非是專門訓練神學生，
又或者是各種宗教的教徒，像是佛教讀經文也會以這種方式
進行，但這並不是我們日常閱讀的態度。

　　然而，在羅馬年代裏的讀書都是以這種方式進行，因為當
時的書太少了，或者說能見到的書太少了。而《沉思錄》這
本書作為一個人寫給自己的修行筆記，其實就應該以這樣子
來閱讀，而且應該是一輩子反覆地讀，像對待那些神聖文本
的態度一樣。因為其中描述的狀況是奧理略一生之中不斷出
現的狀況：有人詆譭他、有人巴結他，他常常記錄這些事

（上圖）德拉克洛瓦（Eugène
Ferdinand Victor Delacroix,
1798～1863）所繪的《Study
for The Death of Marcus
Aurelius》。羅馬哲學的死亡
觀其實與現代宗教有所不同，
最特殊的一點就是他們並不禁
止自殺（自殺是現今大多數宗
教所不提倡的），斯多噶學派
也主張人有自殺的權利，這一
點在奧理略的《沉思錄》中也
可見到。

情，問著：「怎麼辦？怎麼面對這樣的處境？」因為總是會遇到，所以總是要記錄下來。我們也是如此，我們也總是會遇到他所描述的種種不幸。雖然我們不是一個帝國統治者，但是我們也面對著別人對我們的傷害、別人對我們的造謠，不幸的事情同樣地發生在我們身上，所以我們也可以反覆在其中尋得一種他講的心靈的退隱與安慰，跟自我的訓練；訓練自己的感官，讓我們對世界能夠客觀的認識，訓練我們的行動，使我們能公正對待別人。當然我們不再相信人有主人奴隸的階級區分，但它仍然能訓練我們的意志，使我們願意坦然地接受世界上發生於我身上的事情。

TOP PHOTO

（上圖）歌德（Johann Wolfgang von Goethe, 1749～1832）肖像，Georg Melchior Kraus繪，這幅畫繪於歌德二十六歲時。《沉思錄》於中世紀及文藝復興時本不受重視，直至浪漫主義盛行，因文字優美、充滿靈性反思，頗受浪漫主義文人如歌德的喜愛。

閱讀經典的方式

那麼，面對一本書，該讀多快、該讀多慢、該怎麼讀？這些問題都用不著擔心，書本身自會告訴你，你該怎麼讀它，這本書就找對了它的讀者。先前說的那些有名的國家領導人讀者，都在這本書裏面得到教導，這本書已經教他們該怎麼讀了，就像溫家寶、柯林頓一樣，一輩子在讀，兩百多遍地讀。每天晚上柯林頓在床上偶爾翻一段，因為他發現這與自己的遭遇太像了，像是下面這段話：

那不損害國家的事情，也不會損害公民。對所有看來是損害的現象都來應用這一規則：如果國家不受其損害，那我也沒有受到損害。但如果國家被損害，你不要對損害國家的人憤怒，而是向他展示他的錯誤。

那不損害到國家的事情，也絕不會損害到真正的公民；那不損害到法（秩序）的事情，也絕不會損害到國家；而被稱為不幸事件的這些事物中並無一個損害到法，這樣，不損害

到法的東西也就絕不損害到國家或公民。

　　這些讀者們每天在讀著這樣的文字，他們找到了一個兩千年前這個作者寫作的方法，他們可能不知道這本書是如何寫出來的，但是他們很奇妙地在閱讀的時候，呼應了這種寫作的原則與方法。

　　我推薦《沉思錄》，絕不是要求大家都去學斯多噶派哲學（雖然這是很美妙的一套說法），我想提醒的是在人類歷史上，我們今天看到的古籍，不能夠以我們今天的觀念去理解。像《論語》我們總會以為每一篇應該具備一個完整的思想，其實它不會，為什麼？因為當時的「篇」是一個容量單位，是竹簡的篇，記錄到那裏剛剛好結束了，它沒有一個內在的意義在其中。所以，我們不能把今日對於書的認知，反

（上圖）伊士曼（George Eastman, 1854～1932）於家中讀書，伊士曼是膠卷底片的發明人，也是柯達公司的創辦人，他曾經指出他最喜歡的書便是奧理略的《沉思錄》。

47

回去套在古籍上。從前的書有很多種不同的寫作狀態、不同的寫作理由，並非所有寫作者都是要出版給別人看的，《沉思錄》就不是。同樣地，古代也有很多的閱讀方法，而我們今日已不再熟悉。比如現在已經很少看到黃頁電話簿，但我小時候還有。有沒有人讀黃頁電話簿？我認識一個香港藝術家，他的興趣就是讀電話簿，但是我們不會，我們只是把它當作一本工具書，一般人並不會讀它，就像是很少人會讀字典，雖然有，但是很少，因為對待不同的書要有不同的讀法。

　　有太多從前存在過的閱讀方法，是我們今天不懂的，因而造成一些困難。所以我希望提醒讀者，透過對於經典的閱讀，我們認識到的不只是一本經典具體的內在價值，還有一本經典所隱藏、包含某種對書的理解跟態度。要是我們找回這樣的內涵或思想，說不定能夠豐富我們的生活。當我們找到一種新的讀書方式，對我們來說，因為它古老，而感到陌生，所以這種閱讀才是新的。也許我們不一定每個人都要讀《沉思錄》，但是說不定各位都能夠找到一本能夠讀一輩子，並且作為自己人格修養的書；也許它是馬可·奧理略的《沉思錄》，也許它是巴斯噶的《沉思錄》，也許是劉墉的書。　　　　　■

羅馬盛世的日常
與奢華

TOP PHOTO

羅馬盛世時期（Pax Romana，公元前27年至公元180年）始自屋大維（Gaius Octavius Thurinus）成為羅馬首位皇帝，而終於奧理略（Marcus Aurelius Antoninus）去世後。期間以圖拉真（Trajan, 53～117）、哈德良（Hadrianus, 76～138）皇帝在位時的政績最為顯赫、帝國也最為強盛。奧理略是一位斯多噶派的信徒，簡單樸實是他的理想生活型態，但是我們將會看到奧理略生長的環境、在他治理下的羅馬，是一個處在帝國鼎盛、貴族競相奢華的年代，卻同時也是內亂外患逐漸興起，日後走向衰敗的年代。

我們將著裝出發，回到兩千多年前的羅馬，從吃喝玩樂體驗一下當一天羅馬人的生活。

成為羅馬人

上路以前，讓我們先行換裝，體驗「成為羅馬人」的模樣。羅馬男性的日常穿著以一種名為 "tunic" 的長及膝蓋的外衣為主，女性所穿著的則是類似 "tunic" 的披肩 "palla"（也可當頭巾使用）。材質為亞麻或不染色的羊毛，亞麻是在埃及經過加工後才運送到帝國各處，展現了羅馬興盛與活絡的貿易。

流行女裝伸展台

女性服裝有貴族平民之分。兩者的衣襬皆拖曳在地上，質料極薄，並且染上顏色，據說是為了掩飾拖在地上而沾染的沙土灰塵。與平民婦女相比，貴族女性的時裝多了許多細密精緻的皺摺，並且透過流行的髮型和飾品襯托貴族的地位。

新潮髮型

羅馬女性的髮型從共和初期的樸素，發展至日後的奢侈繁複。尤其在圖拉真皇帝統治時期，女性髮型呈現空前的複雜樣貌，而引領潮流的則是皇后或是皇帝家族中的女性，她們的創意與發想，成為當時女性爭相模仿的對象。

到了圖拉真統治時期，皇后普洛提娜引領另一種高聳髮型，讓捲髮如瀏海般環繞前額和耳際，將編結的辮子向上纏繞堆疊至尖頭形。由於真髮不敷使用，便發展了層次不同的假髮。

保養妙方

羅馬女性對於皮膚保養極有研究，在一個沒有藥妝店販售時尚彩妝與各式面膜的年代中，羅馬女性如何保養肌膚？她們使用公牛的膽汁去除臉上的斑，以墨魚的墨液描繪眼線，用鉛丹或朱砂為嘴唇上色。羅馬詩人奧維德更出書傳授化妝品的製作，指出混合大麥、雞蛋、水仙球、蜂蜜等材料製成如今日的面膜，使肌膚光滑柔嫩細緻。

首飾：奢華競技場

推估下圖這位婦女處在羅馬統治下的埃及，其根據木乃伊的臉龐臨摹而來，所穿戴的首飾為當時的流行款式。顯示除了誇張髮型外，還需各式各樣的首飾才能襯托優雅貴婦的地位，如王冠、手鐲、耳環、戒指等等，古羅馬婦女以首飾誇耀展現財富，彷彿是另一個競技場——不以血汗，而以奢華眩麗奪取目光。

❶約為公元前一世紀的壁畫，名為 "Villa of the Mysteries"，全長約400公尺，於龐貝城的西北方出土。對於畫中主題的認定至今仍有爭議，但被認為是對於酒神戴奧尼修斯的膜拜儀式。

❷古羅馬時期的埃及女性，推估時間約為公元138～161年，圖中女子所戴的首飾款式為公元二世紀羅馬統治下埃及的典型飾品。

TOP PHOTO

羅馬公民的象徵

羅馬公民除了平日穿著的 "tunic" 外，出席正式場合則必須穿上由羊毛製成的長袍 "toga"，在歷經演變之後，長袍的長度愈來愈長，成為羅馬文明與階級地位的重要象徵，甚至長達6公尺，以至於穿戴時往往需由奴隸協助，而穿著長袍行走時，總是需要提起過長的長袍，以免拖行於地上而弄髒。長袍在公元前二世紀時成為羅馬公民的象徵，據說凱撒曾因所接見的羅馬公民未著長袍而勃然大怒。

羅馬的重要詩人維吉爾（為圖中坐立者，Virgil，公元前70年～公元前19年），其代表作為《牧歌集》（*Eclogues*）、《埃涅伊德》（*Aeneid*）等，他曾針對長袍發表過一段足以說明其重要性的意見，他說：「Romans, lords of the world, the toga-wearing race」（大意：羅馬人，是世界的王者，是長袍在身之族也），指出長袍作為羅馬人的代表意義。

❶圖為羅馬馬賽克壁畫，描繪詩人維吉爾坐在兩位繆思女神之間。維吉爾左方為悲劇女神梅爾波曼（Melpomene），其右方為歷史女神克利歐（Clio）。

❷悲劇女神手上所持的面具可能為羅馬悲劇中演員所戴的面具，戴面具表演的傳統沿襲自希臘人，以所戴的面具揭示喜劇或悲劇的主題。

街道漫遊

根據估計，公元一世紀至二世紀間的羅馬城人口約有五千萬到八千萬左右，可以想像這是一個多麼擁擠的城市！自64年一場幾乎焚燬羅馬城的大火之後，皇帝尼祿（Nero Claudius Caesar Drusus Germanicus, 37～68）改善了城市規畫，包括拓寬道路、加大建物間的距離等政策。然而迫於人口壓力，城市內依舊是大小巷道夾雜，既存在寬約4.8公尺至6.5公尺的馬路，也存在著狹窄的小道。

帝國時期，城內出現了一種極適合現代大都會的建築，一樓多為商店，二樓以上則以住宅為主，如同今日公寓的房價，頂樓的租金總是最為便宜。讓我們更仔細地走進街道（圖❷），看看這些商店究竟販賣些什麼？有工匠與他的作坊，有裁製長袍的布商，也有販賣蔬果的小店，也有來自各處的奴隸站在奴隸市集內，等待一筆划算的交易……。夜晚時分，白日不允許進城的車馬喀啦喀啦地通行，天亮以後，商家們努力工作、高聲叫賣，街道的喧嘩象徵城內無比繁榮，同時也顯現了城市裏擁擠、嘈雜的生活環境，難怪羅馬詩人朱文納爾（Decimus Iunius Iuvenalis）會在詩裏提到惡劣生活品質裏無法入眠的痛苦。

❶ 為英國畫家勞倫斯‧阿爾碼（Sir Lawrence Alma-Tadema, 1836～1912）所繪的 "Entrance To A Roman Theatre"，描繪公元一世紀龐貝城內劇院的盛況。劇場原為希臘人所發明，後為羅馬人接受，成為富裕羅馬人的娛樂之一。羅馬人喜愛喜劇與血腥的悲劇，往往利用戲劇場景或演員所使用的面具以裝飾住家。

TOP PHOTO

TOP PHOTO

來一客羅馬快餐

逛街逛累了，需要一個歇腳休息處嗎？進入羅馬城內的飯館，你會看見L型的大理石矩台，台內嵌入數個圓形大罐以放置食物（見圖❺）。你可以點一份簡單的羅馬式午餐：橄欖、蛋、無花果與奶酪，再配上一杯葡萄酒，輕鬆享受羅馬人的日常。

那些硬幣教你的事

走進市集，下定決心購買「伴手禮」後，便是掏錢的時刻。羅馬硬幣上的所鑄造的是當時在位皇帝或是其妻子的頭像，在一個沒有報紙傳遞消息的年代中，硬幣成為傳播新任統治者的有效工具。因此，新皇帝一上任便下令重鑄硬幣，工匠的效率甚至快速到新皇帝登基數小時後，新貨幣便運往帝國各處。

TOP PHOTO

❷為鑽研古羅馬史的英國學者Peter Connolly（1935～）所繪的龐貝街景，圖中顯示此時極為常見的建築形式：一樓為店鋪，二樓以上為住家。

❸❹為Peter Connolly所繪龐貝街道中的小酒館與俯瞰圖，圖中可見L形吧台作為小酒館內最常見的設計，而酒館內的罈子用來儲存食物與飲料。

❺為公元一世紀專門販賣食物的L形吧台遺址，圓形大罐直接嵌置於吧台內，用以盛裝橄欖、葡萄酒、小麥等。

❻為圖拉真皇帝肖像的硬幣。羅馬時代的硬幣不僅作為買賣物品所需，同時昭告帝國子民此時在位的是哪一位皇帝。

TOP PHOTO

PHGCOM攝

55

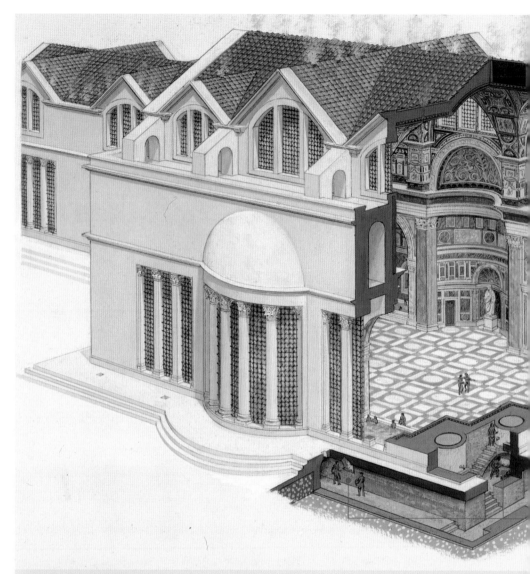

走進公共浴場

羅馬的公共浴場以大理石砌成，內部擺飾有雕像、壁畫等，寬闊舒適而又金碧輝煌。到了公元二世紀，圖拉真浴場興建完成後，確立了皇家浴場的基本形制，包括浴場內分為熱水、溫水與冷水浴池，浴場底下設有加熱設備，此外另建立圖書館、體育場、演講廳等，使浴場的使用更加多功能，也成為羅馬人民洽談貿易與議論時事的場所。

根據統計，在公元四世紀時，羅馬公共浴場的數量已超過一千家，其規模大小不一，大型浴場如戴克利先浴場等可容納三千多人。公共浴場雖為男女共用，時段卻是彼此錯開，通常婦女在中午前使用浴場，而下午則是男人的時段，多數人會在此逗留至晚餐時間。

TOP PHOTO

❶為圖拉真浴場剖面圖，圖拉
真浴場於公元104～109年建
造，確立了皇家浴場的基本形
制，圖中可見建築底層的火坑
加熱系統，這種系統將浴室地
板架設於層層疊疊的磁磚上，
其所形成的空間成為加熱與熱
空氣流通的空間。
❷為圖拉真浴場俯瞰圖，圖中
可見除浴場外的周邊建築，如
圖書館、演講廳、餐館等大型
公共空間。

❶

❷
TOP PHOTO

公共浴場內包含著熱水浴、溫水浴與冷水浴的宏偉建築，使用時依循熱水區、溫水區，再至冷水區的
順序，我們看到羅馬人正在氤氳水氣裏盡情享受，或是談生意、論時政……，這裏，是城市的中心。

取暖設備

早在共和時期，浴場的建築者已沿著地下與牆面設計，可供熱空氣流通的管道，像是將將浴室地板架
設於層層疊疊的磁磚上，使之形成一個火坑加熱系統，讓在浴池泡澡的人們不至於受寒，這套取暖設
備使在羅馬浴場裏的享受更為舒適。

羅馬式按摩

經歷了冷水浴，富裕的貴族總會享受一次羅馬式按摩，這些按摩師們是來自各地的奴隸，他們用青銅或玻璃瓶盛裝按摩油膏，而這些油膏還有預防感冒的藥效。除了按摩，浴場裏還提供許多美容服務，如去除腋毛。由於羅馬人有拔腋毛的習慣，然而美容師們似乎無法發展出「無痛拔毛」的方式，致使每拔一根便會引起一聲尖叫，據說美容師們還以此作為招攬生意的方式——在門可羅雀時，美容師們會尖叫不止，吸引顧客聞聲前來。

❶法國畫家西奧多（Théodore Chassériau, 1819～1856）所繪的浴場，靈感源自龐貝城內的浴場。畫中可見女性們在洗浴後擦乾身體的景象，也可看見浴場的功能不僅是沐浴，同時也成為社交談天的中心。這幅畫作推出後便廣受好評，被譽為直接取自龐貝牆上的壁畫，現藏於巴黎奧賽美術館。

❷為古羅馬時期的浴池遺址，現今位於葡萄牙。

❸此處可見公共浴場裏充滿許多裝飾的牆面，這些牆壁都是由大理石鋪嵌而成，再加上精美講究的繪畫與雕刻，讓人在沐浴時也飽覽藝術饗宴。

❹公共浴場作為羅馬人重要的休閒娛樂，因此其建築與室內設計便極盡奢華與金碧輝煌。圖中可見浴室中的穹形屋頂，以玻璃覆蓋，便於採光，使羅馬人享受沐浴樂趣時，同時也能享受陽光。

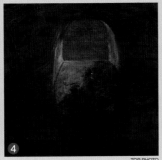

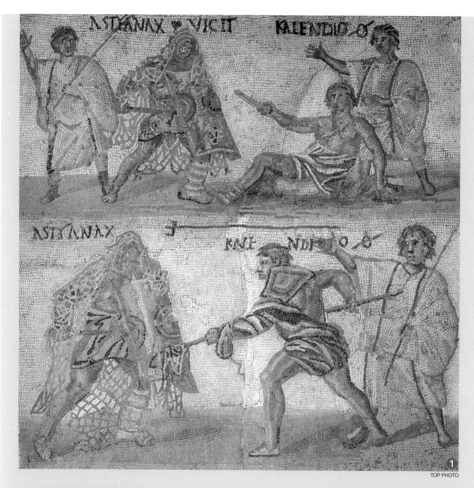

TOP PHOTO

血腥屠殺競技場

泡了舒服的澡、享受放鬆身心的按摩之後，我們即將前往此行中最驚心動魄的景點——於公元80年落成啟用的圓形大競技場（Colosseum）。

羅馬詩人朱文納爾曾説羅馬人只關心「麵包與競技場」，貼切描繪羅馬生活中不可或缺的娛樂。競技場由維斯帕申（Vespasian, 9～79）皇帝在位時期（69～79）開始建立，能容納約八萬多人，共分三層座位，日後更發展競技場內地下層的繁複機關，除了暫時安置珍禽異獸，其入口設計巧妙，讓觀眾摸不清野獸從何處出現，增添競技的刺激，成為古羅馬建築的代表之一；不僅成為後世足球場與運動場的原型，其拱形結構的設計也成為古典主義的主要元素，影響了文藝復興後的建築風格。

角鬥士在拉丁文的原意為「劍」，最早出現於文學家卡托（Marcus Porcius Cato）的作品中。公元前二世紀始設立第一座角鬥士訓練學校，在公元前50年，角鬥競技已成為羅馬人的生活重心。公元一世紀末時，羅馬城已有四座角鬥士學校，約有兩千餘名角鬥士在其中進行訓練。

除了少數自由人迫於經濟壓力成為志願的角鬥士，多數的角鬥士仍由奴隸、戰俘與囚犯組成，而厲害的角鬥士所獲得的崇拜不亞於今日的運動明星。尚武的羅馬人更發展了人獸競技的活動，從帝國各處運來

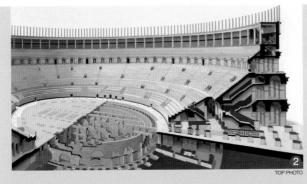

TOP PHOTO

人獸大對抗

狩獵活動的表演紀錄最早始於公元前187年，此後演變成各式的人獸競技。據說羅馬懲罰基督徒的方式是將其丟入獅坑，成為野獸噬咬的目標。而為了競技場需要為數眾多的野生猛禽，羅馬軍隊甚至雇有專門捕捉動物的人員，獵捕獅子、老虎、鱷魚、大象、犀牛等。

許多珍禽異獸，透過改良競技場的地下室設計與鋪設層層機關，讓獅子、豹等凶猛動物從場上各角落出現，與角鬥士進行更血腥的搏鬥。

競技場內也會舉辦賽馬或戰車活動，更驚人的是模擬海戰的表演。首先把水注入場內，模擬海上的戰爭，讓成千上萬的角鬥士相互殘殺。

角鬥士戰袍

角鬥競技的發展日益組織化，除了嚴格的比賽規則，就連使用的武器——頭盔、盾牌、鎧甲等皆有詳細規定。例如從盾牌的使用可了解角鬥士來自何處，頭盔則主要分為四種，鎧甲也分成護胸、護腿、護臂、護肩四種，而主要的武器——劍，也隨著演變而愈來愈短，從原本長約60至65公分的劍刃，到公元50年後逐漸被短於50公分的短劍所取代。

網戟鬥士與盾劍鬥士通常被配成一隊進行廝殺，前者手持網子與三叉戟（見圖①），後者持盾與劍，並著護脛甲以保護踝部至膝蓋以下的部位。武藝絕倫的角鬥士們可獲得獎賞，甚至也有自由之身的可能。

TOP PHOTO

①為羅馬馬賽克壁畫，描繪公元四世紀於競技場內的戰鬥，現存於西班牙國立考古博物館中。畫面左方披掛著魚網的是網戟鬥士，其小腿戴有以皮革與銅製成的護脛甲，另一角鬥士手上持有短劍與三叉戟，為競技場上常見的武器，其中著白衣者為比賽的裁判與監督。

②為多米提安（Domitian, 51～96）皇帝時期競技場的剖面圖，畫面右方可看見觀眾席的層層看台，依照觀眾的階級劃分五區：前排為貴賓區，第二區為貴族區，第三區提供給富裕人士，第四區給普通羅馬公民；第五區則皆為站席，由底層婦女使用。畫面左方可見地下室埋設的層層機關與升降裝置。

③角鬥士所使用的頭盔。主要有四種類型，又可分為有簷與無簷兩大類。

④此為競技場地下室東區的扇形區，為海戰所需船隻的停放區。競技場底部是個深6公尺，長76公尺，寬44公尺的巨大坑洞，透過精妙的工程技術將水引至底部，眾所矚目的海戰便能開打。

TOP PHOTO

風馳電掣賽馬場

賽馬作為娛樂表演的歷史早在羅馬的王政時期（公元前753～前509年）便已出現，在公元前二世紀時由於受到希臘人的影響，成為慶典中不可或缺的活動之一。而進入帝制時期，為了紀念皇帝堤圖斯（Titus, 39～81）而興建了一座規模龐大的大賽馬場（Circus Maximus），歷經多米提安（Domitian, 51～96）與圖拉真（Trajan, 53～117）等皇帝的一再擴建，公元二世紀時已經能夠容納超過二十五萬觀眾，為競技場所能容納人數的五倍以上。

大賽馬場裏最重要的盛事就是戰車競賽（Chariot racing），其為多批馬所牽引的雙輪戰車，駕駛人必須圍繞著賽馬場競速，是一項極危險的運動，再加上異於希臘人將疆繩掌握於手中，羅馬人駕馭戰車時是將疆繩纏繞於腰際，因此若產生衝撞而墜馬，除非能來得及解開繩子，否則便會在地上拖行直到死亡。

競賽進行是將戰車競賽分為四個隊伍，這四個隊伍分別以四種顏色為名：紅、白、綠與藍，多米提安皇帝時間再增建兩個隊伍：紫色與金色，不過在其逝世後也隨著消失。每個競賽隊伍都有許多支持的群眾，他們對所支持隊伍的喜愛不亞於今日狂熱的足球迷，倘若所支持的隊伍輸掉比賽，還可能引發騷亂。而與角鬥士相同，戰車競賽的成員大都為奴隸，倘若贏得足夠場數，還能因此成為自由人，另一方面，他們也能轉換隊伍，近似今日職業賽事中的球隊交易。

（左圖）羅馬馬賽克壁畫，來自北非迦太基（今突尼西亞），描繪公元二世紀末在賽馬場內的戰車競賽。圖中可見駕駛人駕馭著馬匹奔馳的情景，其中以四馬賽車最為普遍，但也可見雙馬賽車，最多可到十匹馬。

貴族晚宴

漫遊羅馬城一日，雖未能參觀所有著名景點，卻仍要趁著難得的晚宴機會，見識羅馬貴族的奢華與鋪張。晚餐對於普通的平民而言只是簡單的一餐，對於貴族而言，卻可能長達六至八小時，成為議論生意與時政的場所。

享受的方式

有的貴族會躺在躺椅上，以手左肘支起身體，用右手抓取食物，極盡悠閒與享受。面前不僅是珍饈佳餚，另有主人安排的餘興節目：舞蹈表演或是朗誦與演說。後者源於羅馬人重視雄辯與演說的傳統，由於帝制羅馬時期之下限制公共演說的發表，因此私人聚會成為最好的發表場所。

醬汁

餐桌上的食物甜鹹交錯，名為"garum"的醬汁是廣受羅馬人喜愛的沾醬，其食用方式如同今日的蕃茄醬。

主菜

肉是餐桌上的主角，以烤肉串、燒烤，或是剁碎混合其他餡料而出現，並加以大量辛香料如蒜頭、月桂、胡椒、香薄荷等調味。香料的使用自古埃及與希臘傳入羅馬後，曾被羅馬軍團作為治癒傷口與提高士氣的用途，同時也使用於烹調上，目的在於增加香氣，掩蓋在缺少冰箱防腐的情況下，肉類變質的氣味。

甜點

飯後甜點是蘋果、葡萄和無花果，自從圖拉真皇帝擴張帝國疆界後，來自波斯的桃子成為羅馬人餐桌上最受歡迎的水果之一。

此圖為法國藝術家Thomas Couture（1815～1879）所繪的《墮落的羅馬人》（The Romans of Decadence），現藏於巴黎奧賽美術館。這幅圖描繪了羅馬人縱情享樂的奢華生活，他認為導致羅馬滅亡的原因並非是日耳曼蠻族的入侵，而是在羅馬盛世下安逸奢靡的生活。

65

原典選讀

馬可·奧理略 原著

何懷宏 譯

卷一

7、從拉斯蒂克斯，我領悟到我的品格需要改進和訓練，知道不迷誤於詭辯的競賽，不寫作投機的東西，不進行繁瑣的勸戒，不顯示自己訓練有素，或者做仁慈的行為以圖炫耀；學會了避免辭藻華麗、構思精巧的寫作；不穿著出門用的衣服在室內行走及別的類似事情；學會了以樸素的風格寫信，就像拉斯蒂克斯從錫紐埃瑟給我的母親寫的信一樣；對於那些以言詞冒犯我，或者對我做了錯事的人，一旦他們表現出和解的意願，就樂意地與他們和解；從他，我也學會了仔細地閱讀，不滿足於表面的理解，不輕率地同意那些誇誇其談的人；我亦感謝他使我熟悉了埃比克太德的言論，那是他從自己的收藏中傳授給我的。

17、我為我有好的祖輩、好的父母、好的姐妹、好的教師、好的同伴、好的親朋和幾乎好的一切而感謝神明。我也為此而感謝神明：我沒有捲入對他們任何一個的冒犯。雖然我有這樣一種氣質，如果有機會是可能使我做出這種事情的，但是，由於他們的好意，還沒有這種機緣湊巧使我經受這種考驗。而且，我還要感謝神明：我很早就不由我的祖父之妾撫養，我保護了我的青春之美，直到恰當的時辰甚至稍稍推遲這個時辰才來證明我的男性精力；我隸屬於一個統治者、一個父親，他能夠從我

這裏奪去所有的虛驕，而帶給我這樣的知識，即懂得一個人是可以住在一個不需要衛兵、華衣美食、火把和雕像等東西的宮殿裏的，而且一個人有力量過一種私心所好的生活，同時並不因此而思想下賤，行動懶怠，因為他重視以有利於一個統治者的方式為公眾謀利所必須做的事情。我感謝神明給了我這樣一個兄弟①，他能以他的道德品格使我警醒，同時又以他的尊重和柔情使我愉悅；感謝神明使我的孩子既不愚笨又不殘廢，使我並不熟諳修辭、詩歌和別的學問，假如我看到自己在這些方面取得進展的話，本來有可能完全沉醉於其中的；我感謝神明使我迅速地給予了那些培養我的人以他們看來願意有的榮譽，而沒有延宕他們曾對我寄予的願我以後這樣做的期望（因為他們那時還是年輕的）；我感謝神明使我認識了阿珀洛尼厄斯、拉斯蒂克斯、馬克西默斯，這使我對按照自然生活，對那種依賴神靈及他們的恩賜、幫助和靈感而過的生活得到了清晰而鞏固的印象，沒有什麼東西阻止我立即按照自然來生活，然而我還是因為自己的過錯，因為沒有注意到神靈的勸告（我幾乎還可以說是他們的直接指示）而沒有達到它；我的身體置於這樣一種生活之外如此之久，我從未達到本尼迪克特或西奧多圖斯的高度，但在陷入情欲之後，我還是被治癒了；雖然我常常達不到拉斯蒂克斯的那種

氣質，但還是沒有做過使我悔恨的事情；雖然我母親不能盡其天年而終，但她最後的年月是與我在一起的；在我希望幫助任何需要幫助的人的時候，或在任何別的場合，我都不感到我缺乏這樣做的手段；而對我自己來說卻不會有同樣的需要：即需要從別人那裏得到東西；我有一個十分溫順、深情和樸實的妻子；我有許多優秀的教師來教育我的孩子；通過夢和其他辦法，我發現各種藥物來治療咯血和頭昏……當我有一種對哲學的愛好時，我沒有落入任何詭辯家之手，沒有在歷史作品上，或者在三段論法的解決上浪費時間，也沒有專注於探究天國的現象；而上面所有這些事情都要求有神靈和命運的幫助。

　　寫於格拉努瓦的夸迪部落。

【注解】
①大概是指他的養兄L.維魯斯。

1、一日之始就對自己說：我將遇見好管閒事的人、忘恩負義的人、傲慢的人、欺詐的人、嫉妒的人和孤僻的人。他們染有這些品性是因為他們不知道什麼是善，什麼是惡。但是，我，——作為知道善和惡的性質，知道前者是美後者是醜的人；作為知道做了錯事的人們的本性是與我相似，我們不僅具有同樣的血液和皮膚，而且分享同樣的理智和同樣的一分神性的人——絕不可能被他們中的任何一個人損害，因為任何人都不可能把惡強加於我，我也不可能遷怒於這些與我同類的人，或者憎恨他們。因為，我們是天生要合作的，猶如手足，唇齒和眼瞼。那麼，相互反對就是違反本性了，就是自尋煩惱和自我排斥。

2、不論我是什麼人，都只是一小小的肉體、呼吸和支配部分。丟開你的書吧；不要再讓你分心，分心是不允許的；但彷彿你現在瀕臨死亡、輕視這肉體吧；那只是血液、骨骼和一種網狀組織，一種神經、靜脈和動脈的結構。也看看呼吸，它是一種什麼東西？空氣，並不總是同樣的空氣，而是每一刻都在排出和再吸入的空氣。那第三就是支配部分了：這樣來考慮它，你是一個老人；不要再讓這成為一個奴隸，不要再像線拉木偶一樣做反社會的運動，不要再不滿意你現在的命運，或者躲避將來。

3、所有從神而來的東西都充滿神意。那來自命運的東西並不脫離本性，並非與神命令的事物沒有關係和干連。所有的事物都從此流出；此外有一種必然，那是為著整個宇宙的利益的，而你是它的一部分。但整體的本性所帶來的，對於本性的每一部分都是好的，有助於保持這一本性。而現在宇宙是通過各種元素及由這些元素組成的事物的變化保存其存在的。讓這些原則對你有足夠的力量，讓它們總是決定你的意見吧。丟開對書本的渴望，你就能不抱怨著死去，而是歡樂、真誠地在衷心感謝神靈中死去。

3、人們尋求隱退自身，他們隱居於鄉村茅屋，山林海濱；你也傾向於渴望這些事情。但這完全是凡夫俗子的一個標記，因為無論什麼時候你要退入自身你都可以這樣做。因為一個人退到任何一個地方都不如退入自己的心靈更為寧靜和更少苦惱，特別是當他在心裏有這種思想的時候，通過考慮它們，他馬上進入了完全的寧靜。我堅持認為：寧靜不過是心靈的井然有序。那麼你不斷地使自己做這種隱退吧，更新你自己吧，讓你的原則簡單而又基本，這樣，一旦你要訴諸它們，它們就足以完全地淨化心靈，使你排除所有的不滿而重返家園。因為，你是對什麼不滿呢？是對人們的邪惡不滿嗎？那就讓你的心靈回憶起這一結論吧：理性的動物是互相依存的，忍受亦是正義的一部分，人們是不自覺地行惡的；考慮一下有多少人在相互敵視、懷疑、仇恨、戰鬥之後已經死去而化為灰燼；那就會終於使你安靜下來。——但也許你是不滿於從宇宙中分配給你的東西——那麼轉而回憶一下這一思想：想想要麼是神存在，要麼是原子，即事物的偶然配合存在；或者想想這些論據，它們證明了這個世界是一個政治社會，那最終會使你安靜。——但也許有形的事物還是要抓住你——那麼進一步考慮一下：當心靈一旦使自己與身體分開，發現了它自己的力量，它就不論是在平緩還是激烈地活動

卷四

中，都不會使自己與呼吸相混；也再想想你在痛苦和快樂方面所有你聽到的和同意的；你將最終使你安靜。——但也許對於所謂名聲的願望將要折磨你——那麼看一看一切事物是多麼快地被忘卻，看一看過去和未來的無限時間的混沌；看一看讚美的空洞，看一看那些裝作給出讚揚的人們判斷的多變和貧乏，以及讚揚所被限定的範圍的狹隘，那麼最終使你自己安靜吧。因為整個地球是一個點，你居住的地方又是地球上一個多麼小的角落啊，在它上面存在的東西是多麼的少啊，而要讚揚你的人又是什麼樣的人呢？

那麼仍舊把這牢記在心：記住退入你自身的小小疆域，尤其不要使你分心或緊張，而是保持自由，像一個人，一個人的存在，一個公民，一個有如死者一樣去看待事物。在你手邊你容易碰到並注意的事物，讓它們存在吧，那無非是這兩種事物：一種是不接觸心靈的事物，它們是外在的，不可改變的，但我們的煩惱僅來自內心的意見；另一種是所有這些事物，你看到它們是很快改變和消失的；始終牢記你已經目擊過多少這樣的變化。宇宙是流變，生活是意見。

19、那對身後的名聲有一強烈欲望的人沒有想到那些回憶他的人自己很快也都要死去，然後他們的

子孫也要死去，直到全部的記憶都通過那些愚蠢地崇拜和死去的人們而終歸湮滅無聞。但假設那些將記住他的人甚至是永生不死的，因而這記憶將是永恆的，那麼這對你又意味著什麼呢？我不說這對死者意味著什麼，而是說這對生者意味著什麼。讚揚，除非它的確有某種用途，此外還是什麼呢？由於你現在不合宜地拒絕了自然的這一禮物，而依附於別的一些事物……

32、考慮一下維斯佩申的時代，你將看到所有這些事情：人們婚育、生病、死亡、交戰、飲宴、貿易、耕種、奉承、自大、多疑、陰謀、詛咒、抱怨、戀愛、聚財、欲求元老和王者的權力。而這些人的生活現在已全然不復存在了。再回到圖拉真的時代，所有的情況也是一樣，他們的生命也已逝去。也以同樣的方式觀察一下別的時代和整個民族，看看有多少人在巨大的努力之後很快就倒下了，分解為元素。但是你應當主要想想那些你自己熟知的人們，他們使自己分心於無益的事情，而不知道做合乎他們恰當的結構的事情，由此你堅定地堅持自己的結構，滿足於它。在此有必要記住，給予一切事物的注意，有它自己恰當的價值和比例。因為這樣你將不會不滿足，只要你不過度地使自己注意小事。

33、先前熟悉的詞現在被廢棄了，同樣，那些過去名聲赫赫的人的名字現在也在某種程度上被忘卻了，克米勒斯、凱撒、沃勒塞斯、利奧拉圖斯以及稍後的西皮奧、加圖，然後是奧古斯都，還有赫德里安和安東尼。因為所有的事情很快就過去了，變成僅僅一種傳說，完全的忘記亦不久就要覆蓋它們。我說的這些也適用於那些以各種奇異的方式引人注目的人，至於其餘的人，一旦他們呼出最後一口氣，他們就死去了，沒有人說起他們。總而言之，甚至一種永恆的紀念又是什麼呢？只是一個虛無。那麼，我們真正應該做出認真努力的是什麼呢？只有一件事：正直地思想，友善地行動，誠實無欺並陶冶一種性情，即快樂地把所有發生的事情作為必然的、正常的、來自同一個原則和根源的事情來接受。

43、時間好像一條由發生的各種事件構成的河流，而且是一條湍急的河流，因為剛剛看見了一個事物，它就被帶走了，而另一個事物又來代替它，而這個也將被帶走。

23、經常想想那存在的事物和被產生的事物變化和消失得多麼迅速。因為實體就像一條湍急地流動的河，事物的活動處在不斷的變化之中，各種原因也在無限的變化之中起作用，幾乎沒有什麼是保持靜止的。考慮那接近於你的東西，那所有事物都消失於其中的過去和未來的無盡深淵。那麼，那自得於這些事物或為它們發愁、把自己弄得很悲慘的人不是很傻嗎？因為這些事物僅僅煩擾他一段時間，一段短暫的時間。

30、注意你並不是要被造成一個凱撒，你並不是以這種染料染的，以便這樣的事情發生。那麼使你自己保持樸素、善良、純潔、嚴肅、不做作、愛正義、崇敬神靈、和善、溫柔、致力於所有恰當的行為吧。不斷努力地使自己成為一個哲學希望你成為的人。尊重神靈、幫助他人。生命是短暫的，這一塵世的生命只有一個果實：一個虔誠的精神和友善的行為。做任何事情都要像安東尼的一個信徒一樣。記住他在符合理性的每一行為中的堅定一貫，他在所有事情上展現出的胸懷坦蕩，他的虔誠，他面容的寧靜，他的溫柔，他對虛榮的鄙視，他對理解事物的努力；他如何經手每一件事情都先行仔細的考察並達到清楚的理解；他如何忍受那些不公正

地責備他的人而不反過來責備他們；他從不倉促行事，不信謠言誹謗；他是一個關於方法和行為的十分精細的考察者，不對憤怒的民眾讓步，不膽怯，不多疑，不詭辯；在住處、眠床、衣服、食物和僕人方面，很少一點東西就能使他滿足；記住他如何能夠靠他節儉的一餐而支持到夜晚，甚至除了在通常的時刻之外不需要任何休息來放鬆一下自己，記住他在友誼中的堅定性和一致性，他如何容忍反對他意見的人的言論自由，當有人向他展示較好的事情時他獲得的快樂，他的不攙雜任何迷信的宗教氣質。要模仿所有這些品行以使你能在你最後的時刻來臨時，擁有一顆和他一樣好的良心。

卷七

54、在任何場合和時候，這些都是在你的力量範圍之內的：虔誠地默認你現在的條件；公正地對待你周圍的人；努力地完善你現在的思想技藝，未經好好考察不讓任何東西潛入思想之中。

卷九

3、不要蔑視死亡，而是正常地表示滿意，因為這也是自然所欲的一件事情。因為像年輕，變老，接近和達到成熟，長牙齒，長鬍子和白髮，懷孕、生子和撫養，以及所有別的你生命的季節所帶來的

自然活動都是這樣的事物，分解消亡也不例外。那麼，這就是和一個反思的人一致的：即不要輕率或不耐煩地對待或蔑視死亡，而是要把它作為自然的一個活動靜候它。就像你現在等待著孩子從你妻子的子宮裏娩出一樣，也準備著你的靈魂脫出這一皮囊的時刻來臨。但如果你也要求一種將接觸到你心靈的通俗的安慰，那麼通過觀察你將要與之分手的物體，觀察你的靈魂將不再與之同在的那些人的道德，你將變得更順從死亡。因為，因人們的過錯而發怒絕不是正確的，關心他們、靜靜地忍受他們才是你的義務，但也要記住你並不是要從跟你持有同樣原則的人們那裏離去。因為如果有什麼使我們轉念的事情的話，這是唯一能使我們轉而依戀生命的事情：那就是允許我們跟那些持有和我們同樣原則的人一起生活。而現在你看到：從那些生活在一起的人們的不和中產生的苦惱是多麼大啊，以致你可以說：快來吧，死亡，以免我或許也可能迷失自己。

6、你使自己現在的意見以理解為基礎，使你現在的行為指向社會利益；使你現在的性情滿足於一切發生的事情——這就足夠了。

卷十

3、一切發生的事情都或者是以你天生就是被創造出來忍受它的方式發生，或者是以你並不是天生就被創造來忍受它的方式發生。那麼，如果它是以前一種方式發生，不要抱怨，而是以你天生是被創造出來忍受它的態度來忍受它。但如果它是以後一種方式發生，也不要抱怨，因為在它消耗完你之前自己就要消失。然而要記住，你是天生被創造出來忍受這一切的，你要依賴你自己的意見使它們變得可以忍受，通過思考這樣做或者是你的利益，或者是你的義務。

15、你正是風燭殘年。像在一座山上一樣生活吧。因為如果一個人生活在世界上任何地方都像生活在一個國家（政治團體）中一樣，那麼住這兒或住那兒對他並沒有什麼關係。讓人們看看，讓他們認識一個真正按照本性生活的人。如果他們忍受不了他，讓他們殺了他。因為這比像人們如此生活還要好些。

1、理性靈魂有下列性質：它觀察自身，分析自身，把自身塑造成它所選擇的模樣，它自己享受自己的果實——而植物的果實和動物中相應於果實的東西是由別人享受的——它達到它自己的目的而不管生命的界限終於何處。它不像在一個舞蹈或一場戲劇或別的類似事物中那樣，只要有什麼東西打斷，整個活動就是不完全的，它是全面的，無論它在哪裏停止，它都使置於它之前的東西充分和完整，以致它可以說：我擁有屬於我所有的。加之它橫貫整個宇宙和周圍的虛空，概覽它的形式，它使自己伸展到無限的時間之中，囊括和領悟所有事物的時代更替，它領悟到我們的後人將看不到任何新東西，而我們的前人也不比我們見得更多，而是在某種程度上，一個四十歲的人，如果它有完整的理解力，他就通過那君臨萬物的齊一性看見了所有存在過和將要存在的事物。這也是理性靈魂的一種性質：即熱愛鄰人，熱愛真理和謙虛，除了重視那也是法之性質的理性自身，再不重視任何別的東西。這樣正確的理性就和正義的理性毫無二致了。

7、這看來是多麼明白啊：沒有一種生活條件比你現在碰巧有的條件更適合於哲學。

18、如果有人冒犯了你，首先考慮：我和人們之

間有什麼聯繫，我們是被造出來相互合作的，另一方面，我是被造出來放在他們之上的，就像一隻公羊對羊群，一隻公牛對牛群。要從最先的原則，從這個原則來考察這個問題：如果所有事物都不止是原子，那安排所有事物的就是自然：如果這是這樣，低等的事物就要為高等的事物而存在，而這些高等的事物就要相互合作。

第二，考慮冒犯者他們在飯桌邊、在眠床上等地方是什麼人，尤其是考慮他們在什麼壓力下形成意見和行動的，他們做他們所做的事帶著何種驕傲。

第三，如果人們是正當地做他們所做的，那我們不應當不愉快，但如果他們做得不正當，那很顯然他們這樣做是出於無知和不自覺。因為正像每一靈魂都不願意自己被剝奪真理一樣，它也不願意自己被剝奪按照他的應分對每個人行動的力量。所以，當人們被稱為是不正直、背信棄義、貪婪，總之是對鄰人行惡的人時，他們是痛苦的。

第四，考慮你也做了許多不正當的事情，你是一個和他們相仿的人，即使你戒除了某些錯誤，但你還是有犯這些錯誤的傾向，而且你戒除這些錯誤，也許或者是出於怯懦，或者是關心名聲，或者是出於別的不潔的動機。

第五，考慮你甚至不知道人們是否真的在做不正當的事情，因為許多事情都是由於和某種環繞的關

係而做出的。總之，一個人必須學習許多東西，以便他能夠對另一個人的行為做出正確的判斷。

第六，當你十分煩惱或悲傷時，想一下人的生命只是一瞬，我們都很快就要死去。

第七，那打擾我們的不是人們的行為，因為那些行為的根基是在他們的支配原則中，那打擾我們的是我們自己的意見。那麼就先驅除這些意見，堅決地放棄你對一個行為的判斷——彷彿它是什麼極惡的東西的判斷吧，這樣你的憤怒就會消失。那麼我怎樣驅除這意見呢？通過思考沒有哪一個別人的惡行能給你帶來恥辱，因為，如果不是只有自作的惡行才是可恥的，你也必然做出許多不正當的事，變成一個強盜或別的什麼人。

第八，考慮由這種行為引起的憤怒和煩惱帶給我們的痛苦，要比這種行為本身帶給我們的痛苦多得多。

第九，考慮一種好的氣質是不可征服的，只要它是真實的，而不是一種做作的微笑和半心半意。因為最蠻橫的人將會對你做什麼呢，只要你對他始終保持一種和善的態度，如果條件允許，你溫和地勸導他，平靜地在他試圖損害你的時候糾正他的錯誤；你這樣說：我的孩子，不要這樣，我們被選出來天生是為了別的什麼事情的，我將肯定不會受到傷害，而你卻要傷害你自己，我的孩子——這樣以

溫和的口吻，用如此的一般原則向他說理，並說明甚至蜜蜂也不會做像他所做的事，更不必說那些天生被造出來合作的動物了。你必須在這樣做時，不帶有任何雙重的意義或以斥責的口吻進行，而是柔和的，在你的心靈裏沒有任何怨恨，不要彷彿你是在對他講演，彷彿旁觀者會給出讚揚，而是當他獨自一人的時候，如果別人在場……

記住這九條規則，彷彿它們是你從繆斯收到的一個禮物，終於在你活著的時候開始成為一個人。但是你必須同等地避免奉承人們又不因他們而生出煩惱，因為兩者都是反社會和導致損害的。在激起你憤怒時，讓這一真理出現於你的心中吧，被激情推動是缺乏男子氣概的，而和善寬厚由於是人性更欣悅的，它們卻更有男子氣概，那擁有這些品質的人也擁有力量、精力和勇敢，而那受制於激情和不滿的發怒者卻不擁有這些。因為一個人的心靈在什麼程度上接近於擺脫激情，它也就在同樣的程度上更接近力量，正像痛苦的感覺是軟弱的一個特徵一樣，憤怒也是軟弱的一個特徵。因為那從屬於痛苦的人和那屈從於憤怒的人，兩者都受到傷害，都是屈服。

但如果你願意，也要從繆斯們的領袖（阿波羅）那裏收到第十個禮物，這就是──希望壞人們不做惡事是發瘋，因為希望者欲求一件不可能的事情。

而只許壞人對別人行惡，卻期望他們不對你做任何
惡事，是沒有理性和專橫的。

卷十二

4、我常常覺得這是多麼奇怪啊：每個人愛自己都超過愛所有其他人，但他重視別人關於他自己的意見，卻更甚於重視自己關於自己的意見。那麼如果一個神或一個明智的教師竟然來到一個人面前，命令他只是思考和計劃那些他是一旦想到就要說出來的念頭，那他甚至一天也不能忍受。所以我們對我們的鄰人將怎樣想我們，比我們將怎樣想自己要重視得多。

29、生命的保障在於：徹底地考察一切事物；它本身是什麼，它的質料是什麼，它的形式是什麼；以你的全部靈魂去行正義，誦真理。我們除了通過把一件好事跟另一件好事聯繫起來，以致中間不留下哪怕最小的空隙來享受生命之外，還有什麼別的辦法呢？

36、人啊，你一直是這個偉大國家（世界）裏的一個公民，五年（或三年）會對你有什麼不同呢？因為與法相合的事情對一切都是公正的。如果沒有暴君也沒有不公正的法官把你從國家中打發走，把你打發走的只是送你進來的自然，那麼這又有什麼困苦可言呢？這正像一個執法官曾雇用一名演員，現在把他辭退讓他離開舞台一樣。——「可是我還沒有演完五幕，而只演了三幕，」——你說得對，

但是在人生中三幕就是全劇，因為怎樣才是一齣完全的戲劇，這決定於那個先前曾是構成這個戲的原因，現在又是解散這齣戲的原因的人，可是你卻兩方面的原因都不是。那麼滿意地退場吧，因為那解除你職責的人也是滿意的。　■

這本書的譜系：安東尼王朝譜系圖
Related Reading

文：蕭詣軒

＊……虛線為有養子或親密關係

　　「安東尼王朝」（Nerva–Antonine Dynasty, 96～192），這將近一百年期間被公認為羅馬帝國最強大且最富庶的時期，帝國的版圖也達到最大。這個時代歷經六朝，共七位皇帝統治，其中兩位採取共治（奧理略與維魯斯）。此王朝有個特色：王位的繼丞不依賴血緣基礎，而是採取領養這種類似中國「禪讓」的方式。在羅馬法律的承認之下，收養制度建立了依賴血緣之外的另一種可靠機制來設立繼承人。這段時期內的皇帝都非常賢能，尤其第二任的圖拉真皇帝在位時期，羅馬帝國的國勢達到頂峰。

　　奧理略皇帝過世前明顯違反了安東尼王朝的習慣做法，據說他受到妻子法烏斯提娜蒙蔽，逼迫元老院把皇位傳讓給自己的兒子康茂德。康茂德無德無才、好大喜功，史家迪奧（Cassius Dio）說道：「這位年輕皇帝接管歷史以後，帝國從黃金時期變成鐵器時代，最終淪落為生鏽破廢。」康茂德的死正式宣告安東尼王朝的結束，而羅馬帝國的輝煌也已走入歷史。

瑪西雅
（Marcia）
圖拉真母親

帕得
（Trajanus Pater）
圖拉真父親

馬爾西娜
（Ulpia Marciana）
姊姊

第二任皇帝
圖拉真
（Trajan, 98～117）

露西娜
（Domitia Lucilla）
母親

維魯斯
（M. Annius Verus）
父親

芙士蒂娜
（Cornificia）
妹妹

第五任皇帝
馬可・奧理略
（Marcus Aurelius, 161～180）
養子

皇帝庇護的女兒
法烏斯提娜
（Faustina the younger）
妻子

法狄娜
（Fadilla）
女兒

科妮菲希亞
（Annia Cornificia）
女兒

繼承皇位　第六任皇帝
康茂德（Commodus）
兒子

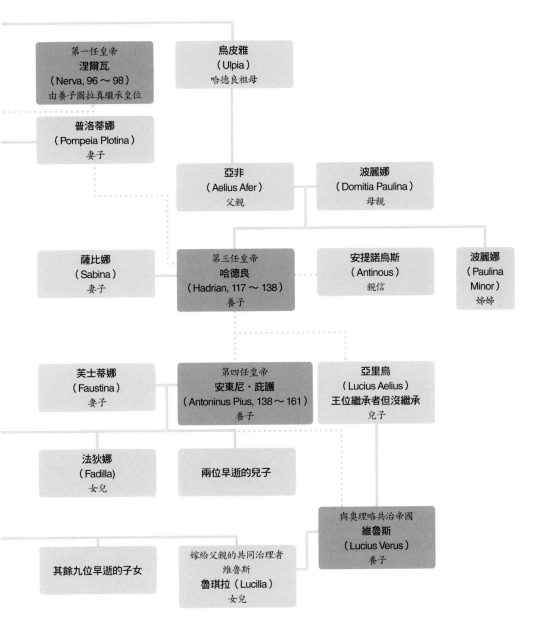

第一任皇帝
涅爾瓦
（Nerva, 96～98）
由養子圖拉真繼承皇位

烏皮雅
（Ulpia）
哈德良祖母

普洛蒂娜
（Pompeia Plotina）
妻子

亞非
（Aelius Afer）
父親

波麗娜
（Domitia Paulina）
母親

薩比娜
（Sabina）
妻子

第三任皇帝
哈德良
（Hadrian, 117～138）
養子

安提諾烏斯
（Antinous）
親信

波麗娜
（Paulina Minor）
姊姊

芙士蒂娜
（Faustina）
妻子

第四任皇帝
安東尼・庇護
（Antoninus Pius, 138～161）
養子

亞里烏
（Lucius Aelius）
王位繼承者但沒繼承
兒子

法狄娜
（Fadilla）
女兒

兩位早逝的兒子

與奧理略共治帝國
維魯斯
（Lucius Verus）
養子

其餘九位早逝的子女

嫁給父親的共同治理者
維魯斯
魯琪拉（Lucilla）
女兒

延伸的書、音樂、影像
Books, Audios & Videos

《沉思錄：北大名教授何懷宏經典品讀》

作者：馬可・奧理略原著，何懷宏品讀　　出版社：新雨，2010年

何懷宏為北京大學哲學系教授，從事倫理及社會歷史等領域的研究與教學，譯有《正義論》、《無政府、國家與烏托邦》等書。本書為其1988年完成的重要譯著，為華文世界流傳最廣的中文版本。

《沉思錄》（中英雙語・典藏本）

譯者：中央編譯，2009年

本書兼採中英文版本，中文版為何懷宏翻譯，英文版則是使用最為經典的喬治・朗譯本，並且部分保留古英語的書寫方式，在領略《沉思錄》的思想時，也能享受閱讀古英語的美妙。

《沉思錄》

譯者：王煥生　　出版社：中國天津社會科學院，2010年

本書根據古希臘文原版而翻譯，為古希臘語學家王煥生歷經兩年譯寫而成，讀者可比較自英文翻譯與古希臘語翻譯的不同版本。

《沉思錄》（插圖導讀本）

作者：奧勒留　　出版社：江蘇文藝，2008年

本書以梁實秋的譯本為主，包括其譯序，與梁實秋針對《沉思錄》的相關評論，並且包括許多插圖與羅馬歷史人物資料，詳細解釋《沉思錄》的歷史背景，剖析奧理略的千古傳奇。

《羅馬人的故事 XI ——— 結局的開始》

作者：鹽野七生　譯者：鄭維欣　出版社：三民，2005年

本系列著作詳盡介紹羅馬的歷史與人物，包括「哲學家皇帝」馬可·奧理略。此書深入地描述他沉醉於哲學中，並且為龐大的羅馬帝國鞠躬盡瘁，在面對北方蠻族入侵下，奧理略燃燒心力延續羅馬帝國的生命，而當他過世後，羅馬也逐漸走向衰敗。

《羅馬帝國淪亡錄》

導演：安東尼·曼　演員：蘇菲亞·羅蘭等

發行：1964年

本片描述羅馬帝國逐步走向滅亡的過程。羅馬皇帝奧理略晚年時決定將王位傳給賢臣，而非王子，因而遭到毒殺。新皇帝繼位後，引起帝國內部極大反抗，雖然暴君最終被殺害，卻無法挽回羅馬走向衰亡的路途。

《神鬼戰士》

導演：瑞德利·史考特　演員：羅素·克洛

發行：2000年

這部電影敘述羅馬皇帝奧理略欲恢復共和體制，因此排除兒子康茂德作為繼任人選，而引起一連串風波。雖然此部電影在內容上有違史實，卻可視為理解古羅馬時期的教材，了解其時的生活與思想背景。

經典3.0
ClassicsNow.net

永遠謳歌思考 沉思錄

原著：馬可·奧理略
導讀：梁文道

策畫：郝明義
主編：冼懿穎
美術設計：張士勇
編輯：張瑜珊
圖片編輯：陳怡慈
美術：倪孟慧 戴妙容
邊欄短文寫作：蕭詣軒
3.0原典選讀：何懷宏翻譯、授權使用
校對：呂佳真

感謝北京故宮博物院對本書之圖片內容提供特別支持與協助

企畫：網路與書股份有限公司
出版者：大塊文化出版股份有限公司
台北市10550南京東路四段25號11樓
www.locuspublishing.com
讀者服務專線：0800-006689
TEL：886-2-87123898　　FAX：886-2-87123897
郵撥帳號：18955675
戶名：大塊文化出版股份有限公司
法律顧問：全理法律事務所董安丹律師
版權所有　翻印必究

總經銷：大和書報圖書股份有限公司
地址：新北市新莊區五工五路2號
TEL：886-2-8990-2588
FAX：886-2-2290-1658
製版：瑞豐實業股份有限公司
初版一刷：2011年2月
定價：新台幣220元
Printed in Taiwan

永遠謳歌思考：沉思錄 ／ 馬可.奧里略原著；
梁文道導讀. -- 初版. -- 臺北市：大塊文化,
2011.02
　　面； 公分

　　ISBN 978-986-213-236-4（平裝）

　　1. 安東尼（Antoninus, Marcus Aurelius, 121-
　　180）2.學術思想 3.哲學

141.75　　　　　　　　　　　　99026833